Fach-
ratgeber
Klett-Cotta

HILFE
AUS
EIGENER
KRAFT

DAGMAR RUHWANDL

Vom Glück, Verantwortung zu teilen

Leben ohne Überforderung

Klett-Cotta

Klett-Cotta
www.klett-cotta.de
© 2019 by J. G. Cotta'sche Buchhandlung
Nachfolger GmbH, gegr. 1659, Stuttgart
Alle Rechte vorbehalten
Printed in Germany
Umschlaggestaltung: Weiß-Freiburg GmbH – Graphik & Buchgestaltung
Unter Verwendung des Fotos © Soloviova Liudmyla / Fotolia
Gesetzt in den Tropen Studios, Leipzig
Gedruckt und gebunden von Kösel, Krugzell
ISBN 978-3-608-86123-5

Bibliografische Information der Deutschen Nationalbibliothek
Die Deutsche Nationalbibliothek verzeichnet diese Publikation
in der Deutschen Nationalbibliografie; detaillierte bibliografische
Daten sind im Internet über http://dnb.d-nb.de abrufbar

Inhalt

Vorwort

In diesem Buch soll es um ganz verschiedene Menschen gehen. Sie haben, von außen betrachtet, recht unterschiedliche Mengen an Verantwortung zu tragen. Lassen Sie mich zwei Beispiele herausgreifen: zum einen ein Unternehmer mit Verantwortung für Hunderte von Mitarbeitern, Projekte und Geld. Also ein Mensch, bei dem jeder sagt: Der trägt Verantwortung. Und Menschen mit vermeintlich wenig Verantwortung. Zum Beispiel eine nicht berufstätige Mutter von erwachsenen Kindern, die sich ›nur‹ ehrenamtlich engagiert. Was von außen gesehen so verschieden anmutet, kann von innen betrachtet einander viel ähnlicher sein als gedacht. Was alle von mir beschriebenen Menschen eint, ist, dass sie ein subjektiv viel zu hohes Maß an Verantwortung übernehmen. Wobei die wenigsten dieses Maß benennen können. Vielmehr spüren sie in der Regel ein beständiges, nagendes schlechtes Gewissen. Sie fühlen sich in ihrem Leben überfordert, und egal, was und wie viel sie tun, das schlechte Gewissen bleibt. Die Last von so unterschiedlich Tätigen wie dem Unternehmer und der Ehrenamtlichen kann sich für beide gleich schwer anfühlen.

Um dieses Übermaß an Verantwortung soll es gehen, darum, wie es uns belastet, wie wir uns damit überfordern, und vor allem, wie wir diese Überforderung auf eine gute Weise reduzieren können. Und um das Glück, das entstehen kann, wenn wir unbelasteter leben. Ein Glück, das nicht nur uns betrifft, sondern auch die Menschen um uns glücklicher macht.

1. Einleitung

»Stephan Gerdes hat eine stolze Karriere hingelegt: vom Sohn eines Kfz-Mechanikers zum Partner in einer international tätigen Steuerkanzlei. Nie hat er Mühen und Kosten gescheut, um noch besser zu verdienen, noch höher aufzusteigen und noch mehr Aufträge an Land zu ziehen. Er ist geschätzt, und zum Teil auch gefürchtet, wegen seiner Durchsetzungsstärke und seines schier unglaublichen Durchhaltevermögens. Bei seinen Mitarbeitern ist er angesehen, auf ihn ist immer Verlass. Anders als viele seiner Manager-Kollegen bleibt er ruhig und freundlich. Darum kommen die Leute lieber zu ihm. So bleibt mehr an ihm hängen, aber okay, man will die Mitarbeiter ja nicht vor den Kopf stoßen. Zwar bedeutet das, dass er von Montag bis Freitag ständig auf Achse ist und keine Nacht mehr als sechs Stunden schläft. Auch am Wochenende ist er natürlich erreichbar, er will, dass nichts schiefläuft. Aber er hält ja was aus. Und hat dadurch einiges erreicht. Mit seinen Einkünften hat er sich Sicherheit geschaffen. Er und seine Familie haben keine finanziellen Sorgen, die Kinder bekommen die beste Ausbildung, und alle sind, Gott sei Dank, gesund. Er hat also alles richtig gemacht. Allerdings beschleicht ihn oft ein schlechtes Gewissen. Unter der Woche zu wenig Zeit für die Familie! Darum ist er an den Wochenenden für alles da, was die Familie braucht. Was immer die Kinder oder seine Frau wollen, er versucht alles möglich zu machen. Das ist schon ein bisschen viel auf Dauer, aber Grenzen sind natürlich dazu da, um überschritten zu werden. Das hat er schon als Leichtathlet gelernt. Bisher hat er immer alles gemanaged, für alle mitgedacht und sich gekümmert. Nun ja, so ganz für sich selbst hat er schon lange nichts mehr gemacht. Ist aber nicht so wichtig, Pflicht und Verantwortung für die Familie gehen vor. Ist doch selbstverständlich …

Doch von einem Tag auf den anderen geht nichts mehr. Der Rücken schmerzt höllisch, die Augen brennen, und das Aufstehen fällt unendlich schwer. Lustlos und gleichzeitig voller innerer Unruhe schleppt er sich durch den Tag. Dabei hat er vor zwei Wochen die Nachricht erhalten, dass er bei einer renommierten Kanzlei eine noch besser bezahlte, noch interessantere Position bekommen wird! Er könnte sich eigentlich freuen und mal wieder richtig »abhängen«. Wie früher im Urlaub mit seiner Schwester, als sie Kinder waren. Den ganzen Tag am See, ohne Uhr, ohne Ziel, ohne Druck, aber mit ganz viel Spaß. Machen, was man will, ohne Zeitlimit, ohne ein größeres nächstes Projekt, als die jüngere Schwester im Sand einzubuddeln und dann an den Zehen zu kitzeln. Sogar die Eltern waren abends, wenn sie wieder zum Zelt kamen, gut gelaunt und entspannt. Ganz anders als zu Hause.

Aber er kann sich nicht freuen. Er kann schon gar nicht abhängen und genießen, wie er es sich erhofft und vorgestellt hatte, sondern gibt sich den ganzen Tag beschäftigt. Er bleibt morgens keine Minute länger liegen, setzt sich spätestens um acht Uhr an den Schreibtisch, ohne dass es eine besondere Aufgabe gäbe, die dringend erledigt werden müsste. Irgendwie ist er sogar unzufriedener als in normalen Zeiten, in denen er kaum zum Nachdenken kommt, wenn er von frühmorgens bis in die Nacht arbeitet. Dabei sehnt er sich so nach Ruhe und Zufriedenheit.«

Warum kann Herr Gerdes nicht loslassen? Warum bekommt er ausgerechnet jetzt Angst und fühlt sich unwohl, wenn ein Zustand, den er lange herbeigesehnt hat und der eigentlich Beruhigung bedeuten sollte, eintritt? Und wie kann er innerlich zur Ruhe kommen, den Moment genießen, ohne an das nächste Projekt, die nächste Verantwortung zu denken?

Warum fällt es vielen Menschen schwer, Verantwortung abzugeben oder loszulassen? Warum meinen sie, alles selbst in die Hand nehmen zu müssen? Und warum macht das viele auf Dauer schwach und krank?

Aus meiner Sicht als Ärztin, Psychotherapeutin, Unternehmensberaterin und Trainerin ist unser Umgang mit Verantwortung einer der wichtigsten Schlüssel zur Beantwortung dieser Fragen. Verantwortung ist eine komplexe innere und äußere Angelegenheit. Unsere persönliche, familiäre und gesellschaftliche Prägung trägt dazu bei, in welchem Maß wir Verantwortung wahrnehmen und übernehmen. Unsere gegenwärtige persönliche und berufliche Umgebung bringt uns Dinge, Menschen und Tätigkeiten, für die und bei denen wir Verantwortung übernehmen können, sollen oder müssen. Die richtige, zu uns passende, Menge an Verantwortung trägt in großem Maße dazu bei, wie wir mit unserer Kraft zurechtkommen und ob wir gesund bleiben oder womöglich überlastet und krank werden.

Ich möchte die Erfahrungen aus meiner ärztlich-psychotherapeutischen Praxis und aus der Beratung von Unternehmen mit Ihnen teilen. Auf der Suche nach Ursachen nehme ich Sie mit in die Lebens- und zum Teil Leidensgeschichten meiner Klienten. Vielleicht finden Sie sich in einer der beschriebenen Geschichten wieder und können sich dadurch etwas besser verstehen. Vielleicht gibt die ein oder andere Idee Ihnen Mut, etwas Neues auszuprobieren.

Ich möchte Sie in meinem Buch mitnehmen in die Bewältigungsstrategien meiner Patienten, meiner Seminarteilnehmer und auch der Unternehmen, die ich beraten durfte. Verantwortung zu teilen kann wunderbar befreiend sein. Nicht nur für den, der abgibt, sondern auch für die, mit denen er teilt. Ich möchte Ihnen Lust auf dieses Teilen machen. Denn oft hält uns nur eine diffuse Angst zurück. Und die können wir am besten durch ein Freude versprechendes Ziel überwinden. Freuen Sie sich also darauf, Verantwortung zu teilen!

2. Warum es schwer sein kann, Verantwortung zu teilen

Verantwortung zu übernehmen ist für viele Menschen eine große Herausforderung. Wir schauen mit Respekt, zum Teil mit Neid auf Menschen mit viel Verantwortung. Verantwortungsvolle Menschen werden in der Regel gelobt, ihnen wird Anerkennung zuteil, und man redet »in höchsten Tönen« von ihnen. »Auf den kann man sich hundertprozentig verlassen« oder »Wenn die es in die Hand nimmt, läuft es wie am Schnürchen« heißt es dann. Schon Kindern wird die Übernahme von Verantwortung schmackhaft gemacht: Haben sie ein Amt, wie das des Klassensprechers, dann steht ihr Name vorne im Klassenbuch, oder sie werden öfter aufgerufen. Später locken uns Geld oder Macht und auch immer Anerkennung und Wertschätzung, verantwortungsvollere Aufgaben zu übernehmen, privat wie beruflich. Werden wir Vorsitzender im Segelverein, ist uns Aufmerksamkeit sicher, haben wir ein Team von Mitarbeitern unter uns, klingt das beim Jahrestreffen gleich viel bedeutsamer und spannender als bei dem Schulfreund, der ›nur‹ als Sachbearbeiter tätig ist.

Obwohl man so bewundert werden könnte, überlegen sich viele von uns gut und gründlich, ob sie (mehr) Verantwortung übernehmen sollen. Denn zunächst mal ist der Schritt dazu mit mehr Anstrengung verbunden. Schon im Kindesalter wird schnell klar, dass Klassensprecher nicht nur cool ist, weil man von der Mehrheit gewählt wurde, sondern dass man in manchen Situationen nun auch Dinge tun muss, die man eigentlich nicht mag. Man muss versuchen, einen Streit zu schlichten, der einfach nicht zu schlichten ist. Man muss Dingen hinterher sein, die man ohne diesen Posten einfach liegen gelassen hätte. Das alles macht Arbeit und bringt manchmal trotzdem keine Anerkennung. Als Erwachsener überlegt man sich dann: Organisiere ich die Feier oder komme ich nur und bringe einen Kasten Bier mit? Bin ich wirklich schon bereit, Vater zu werden, oder muss ich erst noch ein bisschen erwachsener werden, mehr Sicherheiten haben? Möchte ich wirklich den beruflichen Aufstieg zum Teamleiter, wenn damit zwar ein bisschen mehr Geld auf dem Konto ist, aber gleichzeitig Zuständigkeit für mehrere Kolleginnen und Kollegen? Eigentlich immer, so merken wir im Laufe des Lebens, ist Verantwortung mit Arbeit verbunden.

Es gibt eine ganze Menge Leute, die nach dem Trägheitsprinzip für sich entscheiden: Ich übernehme nur eine kleine Menge Verantwortung. Vielleicht so viel, wie nötig ist, um ein ruhiges und angenehmes Leben zu haben. Wenig Arbeit – viel Spaß! Verantwortung übernehmen ist viel zu mühsam, ich mach's mir lieber leicht im Leben. Da kann es manchem merkwürdig erscheinen, dass es für bestimmte Menschen viel schwerer ist, Verantwortung nicht anzunehmen, abzugeben oder zu teilen. Kann doch nicht so schwierig sein! Muss man doch nur einfach damit aufhören. Oder gar nicht erst anfangen! Übernehmen von Verantwortung ist schwer, abgeben kann doch nicht schwer sein. Oder?

Meine Erfahrung mit Patienten, Seminarteilnehmern und Coachees ist, dass es oft andersherum ist: Verantwortung abgeben, mit anderen teilen fällt vielen enorm schwer.

Ursachen dafür sind (bei jedem Menschen in unterschiedlichen Gewichtungen):

- eine persönliche (sozusagen angeborene) Veranlagung, mehr Verantwortung zu übernehmen als andere
- die eigene Geschichte, also Erlebnisse und Erfahrungen aus der eigenen Biographie
- die Familiengeschichte, also Erlebnisse und Erfahrungen vorangegangener Generationen, sowie
- gesellschaftliche Erwartungen.

Natürlich tragen auch der Beruf und die berufliche Position dazu bei, wie viel Verantwortung wir tragen. Und das wirkt sich mitunter darauf aus, wie wir auch im Privaten mit diesem Thema umgehen. So hat ein

Jurist oder eine Krankenschwester ein völlig anderes berufliches Korsett, in dem er oder sie verantwortlich tätig ist, als zum Beispiel jemand mit einem hauptsächlich kreativen Beruf. Doch ist ein bestimmter Beruf, eine Position oder Hierarchiestufe nicht unbedingt die Ursache dafür, in welcher Art und Menge man Verantwortung übernimmt. Vielmehr richtet sich die Wahl des Berufes und der beruflichen Position nach den Erfahrungen, die man mit der Übernahme von Verantwortung in früheren Jahren gemacht hat oder die in der Familie üblich waren. So gibt es »Verantwortungs-Traditionen« in Familien, zum Beispiel Ärzte- oder Unternehmerfamilien, in denen sehr klar (zum Teil glasklar!) vorgelebt und erwartet wird, was man zu tun hat, wo man Verantwortung zu übernehmen hat. Nicht selten gegen ein inneres Gefühl und zum Teil unter Aufopferung / Hintanstellung von persönlichen Freiheiten und Bedürfnissen.

Verantwortung abgeben zu können bedeutet außerdem, dass wir Vertrauen haben müssen. Vertrauen, dass ein anderer (oder etwas anderes) die Verantwortung (mit) übernehmen wird – und trotzdem alles gut wird. Diese Art von Grundvertrauen haben viele Menschen, die ich berate, nicht oder nur wenig. Alle sind kluge Menschen, die viel wissen, sich engagieren, die Dinge gut verstehen und Überblick haben. Sie glauben, Verantwortung übernehmen zu müssen, weil sie sich auskennen, weil sie das Gefühl haben, gebraucht zu werden, weil sie meinen, helfen zu müssen. Und sie übernehmen sich gleichzeitig damit und muten sich zu viel zu, weil sie nicht genug Vertrauen in sich selbst haben. Verantwortung in gutem Maß mit anderen teilen können Menschen am besten, wenn sie zunächst sich selbst vertrauen. Das Vertrauen in die eigene Persönlichkeit, in die eigenen Emotionen und das eigene Tun, ist eine der wichtigsten Voraussetzungen, um anderen zu vertrauen und Verantwortung teilen zu können.

Was sind die Gründe, dass Menschen zu viel Verantwortung übernehmen und sich damit überfordern? Eigene Erfahrungen, aber auch die Erfahrungen früherer Generationen sowie gesellschaftliche Erwartungen spielen dabei eine Rolle.

2.1 Eigene Geschichte

»Luis Ziegler hat schon viel erlebt. Er war der Älteste von drei Geschwistern. In der Familie war das Geld meist knapp, aber alle strengten sich an und kamen durch. Die Ehe der Eltern war nicht unbelastet, aber meist lief es so einigermaßen. Der Vater war beruflich viel unterwegs, die Mutter war nicht mehr ins Arbeitsleben zurückgekehrt. Vor allem als die Kinder größer wurden und in die Pubertät kamen, fühlte sich die Mutter zunehmend unglücklich. Sie hatte ihren Beruf aufgegeben. Nun waren die Kinder nicht mehr zu versorgen und wurden zunehmend flügge – und frech. Die Mutter fühlte sich nutzlos und ungeliebt. Als sie dann noch ihren Mann beim Fremdgehen erwischte, verfiel sie in eine schwere Depression. Die jugendlichen Töchter und Söhne bekamen zwar etwas davon mit, konnten es aber nicht einordnen – die Mutter war einfach noch ein bisschen uncooler und nerviger als sonst. Als die Mutter eines Tages abends nicht zu Hause war, wunderte sich die Familie, denn das hatte es bislang selten gegeben – Mutter war eigentlich immer zu Hause! Die anfängliche Verwunderung wich im Laufe des Abends immer mehr der Sorge. Bis ein Anruf der Polizei eintraf: Ein Spaziergänger hatte die Mutter am Ufer eines Sees gefunden – sie hatte sich erhängt.

Die gesamte Familie stand unter Schock. Alle waren mit der Situation völlig überfordert – leider auch Luis Vater. Nachdem die nötigsten Dinge für die Beerdigung organisiert waren, war er nicht mehr in der Lage, seinen Kindern in die Augen zu schauen. Er zog aus der gemeinsamen Wohnung aus und zu seiner Freundin. Luis war 17 und ab dem Zeitpunkt für seine Geschwister verantwortlich. Er organisierte alles, sodass zumindest das Jugendamt fernblieb.

Zu mir kam Herr Ziegler, nachdem er in einem mittelständischen Unternehmen Karriere gemacht, geheiratet hatte und Vater von zwei Töchtern geworden war. In allen Bereichen war *er* es, der unglaublich viel Verantwortung übernahm. Als Projektmanager und Ingenieur hatte er etliche Großaufträge verantwortet und Dutzende kritische Situationen gemeistert. Er war auf der Hut, für Meetings stets bestens und genauestens vorbereitet zu sein. Im Kindergarten der Töchter übernahm er natürlich Aufgaben in der Elternvertretung, organisierte Eltern-Kind-Treffen und war als stets hilfreicher Ansprechpartner beliebt. Bei gemeinsamen Urlauben mit Freunden übernahm er die Organisation. Doch obwohl er einen großen Freundeskreis hatte, überall dabei und sicher beliebt war, fühlte er sich oft furchtbar einsam und verlassen. Was ihn dazu bewegte, sich im Kontakt mit anderen noch mehr anzustrengen, noch mehr zu übernehmen, noch weniger zu übersehen. Und umso größer wurde die Angst, nicht geliebt zu werden. Ein Teufelskreis. In der Beziehung zu seinem Bruder war es immer Luis, der den Kontakt pflegte, der ihn besuchte, ein gemeinsames Wochenende arrangierte, ihn finanziell unterstützte – der Bruder dagegen griff oft monate-, manchmal jahrelang nicht mal von sich aus zum Telefon. Als seine Schwester ihn auch zu ihrer zweiten Hochzeit nicht einlud (zu anderen Familienfesten sowieso nicht), war ein Maß an Frustration erreicht, das Luis nicht mehr schultern konnte. Obwohl stets er es war, der den Vater anrief, um sich nach dessen Wohlbefinden zu erkundigen, obwohl er Treffen der Familie organisierte, hatte er immer das Gefühl, links liegen gelassen zu werden. Und er konnte sein Verhalten nicht ändern. Statt zu sagen: »Ihr spinnt einfach alle! Behandelt mich besser! Ich habe Freunde, die mich mehr achten als ihr, die ihr eigentlich meine Familie seid und die ich eigentlich liebe; die sich nicht von mir bedienen lassen und mich gleichzeitig aus ihrem Leben ausschließen.« Er konnte das nicht. Sein Schluss war immer. »Ich mache es nicht gut genug, ich bin nicht liebenswert.« Und so strengte er sich noch mehr an, es allen recht zu machen. Eine Sisyphusaufgabe.«

Luis Geschichte zeigt, wie sich zu früh übernommene Verantwortung auf das ganze Leben auswirken kann. Der plötzliche Tod der Mutter, anschließend das Verlassenwerden durch den Vater und die Übernahme der Verantwortung für die jüngeren Geschwister im Alter von nur 17 Jahren haben Luis geprägt. Er hat in einer sehr wichtigen Zeit seines Lebens, in der er als Jugendlicher eigentlich den Schutz der Eltern zum Ausprobieren und Erwachsenwerden gebraucht hätte, keine Unterstützung erfahren. Er hat, gemessen an seinem Alter, viel zu viel geschultert und war dadurch maßlos überfordert. Eine gewisse Grundkondition (viel Energie und Strebsamkeit – in der Familie gelernt und auch ein Stück weit persönliche Anlage) und seine Stellung als Ältester machten ihn besonders empfänglich für diese Aufgabe. Das tragische Lebensereignis, der Tod der Mutter, und der feige und unverantwortliche Rückzug des Vaters führten zu einer massiven Überbelastung, die Luis sein ganzes Leben lang als schweren Rucksack mit sich herumschleppte.

Im Beispiel wurde ein Jugendlicher mit einer viel zu großen Bürde belastet. Aber sogar Kinder werden manchmal in zu viel Verantwortung gezwungen. Besonders häufig findet sich diese Art der Überforderung bei Kindern aus Familien, in denen ein Angehöriger entweder eine (meist unbehandelte) depressive Erkrankung hatte oder ein Familienmitglied, oft der Vater, alkoholabhängig ist oder war.

Zunächst will ich auf die Situation in Familien eingehen, in denen ein Elternteil alkoholkrank ist. Ein häufiges Muster dieser Familien ist, dass die Alkoholerkrankung, vor allem die Exzesse wie Kontrollverlust und Gewalttätigkeit (verbal und tätlich), schamhaft versteckt werden. Alles muss so aussehen, als wäre die Welt völlig im Lot. Nicht selten haben Familien eine akkurate, fast penible oberflächliche Ordnung: Die Wohnung ist blitzblank geputzt, kein Staubkorn ist zu sehen. Die Kinder sind immer tiptop angezogen in der Schule, vor allem die Mädchen haben beste Manieren und drängen sich nicht in den Vordergrund. Alles, um das eigentliche Drama zu Hause zu übertünchen.

Nicht selten sind auch Verantwortlichkeiten in Familien mit Alkoholkranken völlig falsch verteilt. Was der abhängige Vater nicht schafft und die co-abhängige Mutter nicht mehr sehen mag, muss oft eines der Kinder erledigen, bevorzugt das älteste. So müssen Kinder von Alkoholkranken manchmal schon im Grundschulalter ihre Väter aus dem Wirtshaus holen.

»Alexander Walter kannte das nur zu gut. Er musste seinen Vater auf Wunsch der Mutter, die noch dazu Ausländerin war und die Sprache nicht gut beherrschte, oft in den Gasthäusern der Kleinstadt suchen gehen. Der kleine Alexander ging also los und versuchte den Vater zu finden. Hatte er ihn endlich aufgespürt, wurde er von den Saufkumpanen des Vaters verhöhnt. Den Vater zu bewegen, nach Hause zu kommen, war zusätzlich schwer, er hörte in seinem Suff nicht auf den Jungen. Zugleich wollte Alexander aber die Mutter nicht enttäuschen, sie nicht im Stich lassen und ihr helfen. Er wollte groß und stark sein, wenn schon der Vater es nicht war! Er war mit der Situation, die ihm ein völlig unpassendes Maß an Verantwortung abverlangte, überfordert und allein gelassen. Da dies in seiner Kindheit und Jugend Normalität gewesen war, stellte er lange nicht infrage, wenn er sich als Erwachsenen überforderte. Im Leben fühlte er sich weiter verantwortlich. Dafür, dass seine Frau nicht ordentlich genug war. Dafür, dass sein Vater immer wieder trank und sich seine Gesundheit zusehends verschlechterte. Dafür, dass sein Vater kaum ein gutes Wort für ihn übrighatte. Obwohl er ihn (als einziger der Geschwister) regelmäßig besuchte, seine Steuer erledigte und sich immer wieder darum bemühte, dass sein Alkoholkonsum nicht noch gesundheitsschädlicher wurde.«

Auch wenn es nicht um Alkohol geht, kann es passieren, dass Kinder aufgrund eines anderen Mangels in der Familie zu viel auf sich nehmen. So ist nicht selten die depressive Erkrankung eines Elternteils ein Grund, dass Kinder zu viel Verantwortung tragen. Oder das Zusammenleben der Eltern ist so dysfunktional, dass ein Kind mehr »managen« muss, als Kind sein zu dürfen. Bei meinem nächsten Beispiel kommt beides zusammen.

»Roland Binder ist erfolgreich in seinem Beruf als Event-Manager. Gern gesehener Mitarbeiter, der alle Herausforderungen stemmt, seien sie noch so komplex. Immer als Erster im Büro, als Letzter nach Hause – es soll ja alles wie am Schnürchen laufen. Auch privat ist er derjenige, der alles zusammenhält: Das Verhältnis zum schwierigen Bruder, der, statt sich einzubringen, ihm immer nur vorwirft, was alles nicht klappt und wie schwer sein Leben doch ist. Um die pflegebedürftigen Eltern kümmert sich Roland daher allein – seit fast fünf Jahren ist er rund um die Uhr erreichbar, am Wochenende immer vor Ort. Alles machbar, er ist ja stark. Doch bei einer Veranstaltung bricht er plötzlich zusammen. Von heute auf morgen geht nichts mehr, und sein Hausarzt, der ihm schon seit Längerem zu einem gesünderen Lebensstil rät, schreibt ihn krank.

Schon als Kind hat Roland alle möglichen Aufgaben übernommen. Sein Vater war zum Teil tagelang apathisch und nicht ansprechbar. Erst später erfährt er, dass er depressiv war. In seinen Tagebuchaufzeichnungen schreibt der Vater oft, dass er überlege, sich das Leben zu nehmen. Gleichzeitig ist er ein großer Casanova und hat unzählige außereheliche Affären – zum großen Leidwesen von Rolands Mutter.

Roland fühlte sich schon als Kind verantwortlich: Die arme Mama in Schutz nehmen, bei Rückzug des Vaters für gute Laune sorgen, ausgleichen, fröhlich und unbeschwert sein. Die Verantwortung für andere trägt er weit in sein Leben hinein.**«**

Aber nicht nur Fehlverhalten der Eltern spielt eine Rolle bei der Entwicklung von zu viel Verantwortung. Auch schicksalhafte Ereignisse wie Krankheiten oder Unfälle von Geschwistern können Menschen überfordern.

»Sandra Wolff ist Älteste von drei Geschwistern. Bei ihrem um zwei Jahre jüngeren Bruder wird kurz nach der Geburt eine chronische, zu der Zeit kaum behandelbare und zu frühem Tod führende Krankheit festgestellt. Bei seiner Geburt ist Sandra fünf Jahre alt und muss schon bald nach dem kleinen Geschwister schauen, das mehrmals am Tag epileptische Anfälle hat. Die Aufmerksamkeit der Eltern ist hauptsächlich auf den Buben gerichtet, die kleinen und größeren Nöte und Sorgen der Fünfjährigen sind von nun an Nebensache. Das denkt Sandra auch selbst: Was ist schon die Angst vor dem Toni aus dem Kindergarten im Vergleich zu der schrecklichen Krankheit des Brüderchens? Sandra lernt schnell zurückzustecken und kümmert sich um den kleinen Bruder. Dies ist für sie nun die einzige Möglichkeit, die Aufmerksamkeit der Eltern auch einmal auf sich zu lenken. Indem sie die Eltern nach Kräften unterstützt und hilft, also groß, verantwortungsvoll und stark ist. Ihr wird bald zugetraut, dass sie auf ihn aufpasst, wenn die Eltern nicht zu Hause sind. Dadurch bekommt sie manchmal ein Lächeln oder einen Dank von ihrer Mutter. An diesem gelegentlichen Dank hangelt sie sich entlang. Als Erwachsene kann sie sich an eine Gelegenheit erinnern, bei der die Mutter ihr dankte: »Wenn ich dich nicht hätte, ich könnte gleich aufgeben.« So war selbst der Dank nicht nur an sie gerichtet, sondern mit einer Klage verbunden. Sandra strengt sich noch mehr an, um ihre Mutter zu entlasten, vergisst aber dabei, sich um sich selbst zu kümmern. Das ist ihr geblieben, bis heute. Sie spürt kaum eigene Gefühle, hat oft ein schlechtes Gewissen gegenüber anderen und leidet an einer Reihe psychosomatischer Beschwerden, wie Blähungen und Verdauungsstörungen.

Als Sandra sieben Jahre alt ist, verstirbt der Bruder an einem Abend, als sie ihn hütet, in ihren Armen. Sie konnte nach menschlichem Ermessen nichts tun, und die Krankheit war so weit fortgeschritten, dass er jederzeit hätte sterben können. Aber das kann das Mädel natürlich nicht wissen und erst recht nicht verstehen. Die Mutter ist völlig aufgelöst, macht ihr Vorhaltungen, dass sie nicht gut aufgepasst habe. Zu ihrer eigenen Trauer über den Verlust des Geschwisters kommt dadurch noch das Gefühl, am Tod des Bruders schuld zu sein. Jahrelang ist die Mutter in Trauer. Der Vater ertränkt seine Gefühle in Arbeit und ist praktisch nicht mehr zu Hause. Sandra fühlt sich mutterseelenallein.

Die Eltern, die von diesem Schicksal zu mitgenommen sind und gleichzeitig keine Worte des Trostes finden können, entlasten Sandra nicht. Sie bleibt mit ihrer Trauer und ihren Schuldgefühlen allein und trägt sie weit in ihr Erwachsenenleben hinein. Nie meint sie, genug getan zu haben, und häuft sich privat wie beruflich viel zu viel auf. Als sie schließlich eine Projektleitung für ein neues Produkt übernimmt und durch eine Fehlentscheidung des Vorstands ein großer Verlust entsteht, die Verantwortung dafür aber auf die unteren Ebenen abgewälzt wird, bricht sie zusammen. Es hat sich wieder eine Situation ergeben, in der sie völlig hilf- und machtlos Verantwortung zugeschoben bekommt. Eine Verantwortung, die, wie die für den kranken Bruder, viele Nummern zu groß für sie ist.«

In all diesen Fällen mussten Menschen als Kinder oder Jugendliche schon sehr früh für kranke, ausgefallene oder instabile Familienmitglieder einspringen. Statt gehalten zu werden, mussten sie selbst halten, der Familie Stabilität geben. Sie haben das als Kinder, Jugendliche und lange Zeit im Erwachsenenleben gut gemeistert – bis irgendwann die Übernahme von zu viel Verantwortung ihre Kräfte übersteigt.

2.2 Familiengeschichte

Nicht nur unsere eigene Geschichte, auch die Lebensgeschichte unserer Vorfahren hat einen erheblichen Einfluss auf die Art und Weise, wie wir mit Verantwortung und Anforderungen umgehen. Im Beispiel aus der Einleitung (Seite 10 f.) zeigt sich bei Stephan Gerdes eine solche typische Konstellation. Die Geschichte seiner Mutter hat einen enormen Einfluss darauf, wie viel Verantwortung er sich aufbürdet.

»Ranklotzen war für Stephan Gerdes mehr als selbstverständlich, es war sein zweiter Vorname. Auch sein Vater hatte das immer getan, vor allem, um die Wünsche seiner Frau zu erfüllen. Nichts war ihr genug. Obwohl die Einrichtung tiptop war, kaufte die Mutter alle paar Monate neue Möbelteile oder teure Dekorationsartikel. Immer war es wichtig, wie man sich präsentierte. Obwohl der Vater im Ort ohnehin sehr beliebt war (als engagiertes Mitglied des Gemeinderats), meinte die Mutter, mehr darstellen zu müssen. So wurde, trotzdem der Vater in seiner Kfz-Werkstatt gut verdiente, das Geld laufend knapp, fast nie reichte es bis zum Monatsende. Widerworte gegen die Käufe der Mutter waren zwecklos, mit ihr war nicht zu diskutieren. Seine Schwester beschrieb die Mutter bis zuletzt so: »Wenn sie sagt, die Sonne ist blau, dann ist die Sonne blau!

Herr Gerdes hatte sich mit alldem letztendlich abgefunden. Als Ältester traute er sich noch weniger als seine jüngere Schwester, Kontra zu geben. Er passte sich an, versuchte, sobald es ging, möglichst wenig zu Hause zu sein, möglichst viel in der Leichtathletik-Mannschaft zu trainieren oder zu arbeiten, um der stets nörgelnden Mutter nicht ausgesetzt zu sein. Er versuchte, sie zu meiden.

Bis heute habe er von der Mutter nie ein Wort der Zuneigung gehört. Zuletzt kam von ihr ohne besonderen Grund eine kurzfristige Absage für die Einladung zu seinem runden Geburtstag. Nicht mal an diesem besonderen Tag legte sie Wert darauf, mit ihren Kindern und Enkeln zusammen zu feiern.«

Herr Gerdes erlebt diese Zurückweisungen bis heute schmerzhaft. Obwohl er, wie er meint, ja eigentlich »daran gewöhnt« sein sollte. Er kann die Ablehnung nicht verstehen, richtet den Ärger aber gegen sich selbst statt in nachvollziehbarer Wut gegen die Mutter. Sein stetes Sichabrackern für andere (die Familie, die Kollegen, die Mitarbeiter) ist Zeichen dieser Wendung der (eigentlich) mütterlichen Aggression gegen sich selbst.

Um dies genauer zu verstehen, lohnt sich ein Blick weiter zurück. Was war passiert, dass die Mutter so ungnädig, unzufrieden und nörgelig mit sich selbst und anderen war?

»Herrn Gerdes' Mutter war, 1938 geboren, das drittjüngste von fünf Kindern eines schlesischen Kaufmanns. Im Dorf hatten sie den größten Besitz, waren durch die moderne Art, ihre Geschäfte zu führen, zu Wohlstand gekommen und nicht nur im Ort, sondern in der ganzen

Gegend bekannt. Die Familie war seit Generationen großzügig und hatte unter anderem Schulbauten mitfinanziert, sie waren beliebt und hoch geschätzt. Als die Mutter sieben Jahre alt war, ging der Krieg zu Ende, und die Russen kamen. Innerhalb von 48 Stunden mussten sie ihre Sachen packen und fliehen. Mit viel Glück kam die Familie körperlich unversehrt nach zwei Wochen in Mittelfranken in einer Flüchtlingsunterkunft an. Hier wohnten sie nun über mehr als zwei Jahre zu siebt in einem Zimmer.

All dies hatte die Mutter Stephan Gerdes' nur auf Nachfrage erzählt. Und auch hierbei hat sie nur wenig gesagt, wollte in das Thema nicht eintauchen. Zeit ihres Lebens hat sie fast nie von ihrer Kindheit gesprochen. So können wir uns den Rest der Geschichte nur ausmalen.«

Flüchtlinge waren in den Nachkriegsjahren in Deutschland alles andere als gerne gesehen. Anders als die heutigen Flüchtlinge sprachen sie zwar deutsch, aber zum einen war dieses Deutsch so anders und fremd, die Bräuche noch so verschieden und nicht mit der aktuellen Situation zu vergleichen (was unterscheidet heutzutage noch einen Münchner von einem Hamburger Jugendlichen?), zum anderen war die wirtschaftliche Lage eine völlig andere. Unzählige Menschen waren durch die Kriegsschäden auch im Westen Deutschlands wohnungslos. Die Versorgung mit Lebensmitteln und anderem Notwendigen war zum Teil katastrophal, und um das Wenige stritten sich schon die Einheimischen – da war kein zusätzlicher Esser erwünscht. Die Flüchtlinge konnten zudem nichts bieten, waren Habenichtse, die der Gesellschaft auf der Tasche lagen. Und es waren viele. Unmengen kamen aus den ehemaligen deutschen Ostgebieten, eine heute kaum vorstellbare Zahl von etwa 10 Millionen Menschen allein in den Jahren 1945–48. Sie wurden als »Polacken« und »Zigeuner« verhöhnt, es gab, wie heute, Protestdemonstrationen. Zum Beispiel mit Parolen wie »Badens schrecklichster Schreck: Der neue Flüchtlingstreck«. Oder man sprach von den drei großen Übeln: »Wildschweine, Kartoffelkäfer und Flüchtlinge«.

Eine Willkommenskultur war damals unbekannt. Entsprechend kann man sich das Leben der 7-jährigen Mutter von Stephan vorstellen. Schlecht geschlafen, mitunter mangelernährt musste sie morgens zur Schule im fränkischen Dorf. Flüchtlinge waren »kein Umgang«, die Kinder galten als verlaust, keiner wollte neben ihnen sitzen. Dazu kam sicher die Verzweiflung der Eltern, die ja alles verloren hatten, außer ihrem Leben. Und bei allen Flüchtlingen und Vertriebenen zeichnete sich nach und nach ab, dass sie nie mehr in die alte Heimat würden zurückkehren können. Alles war verloren und musste ohne eine Mark neu aufgebaut werden.

Neben den materiellen Verlusten gab es noch eine andere Belastung, die spürbar, aber nicht wirklich sichtbar war: Die Flüchtlinge und Vertriebenen hatten auch ihr soziales Umfeld und ihren sozialen Status komplett verloren.

»Seit Generationen eine der angesehensten Familien in der Region, kurz darauf gemiedene Habenichtse. Wie mag das für die kleine Tochter gewesen sein? Aufgewachsen war sie als Tochter des Kaufmanns mit besten Verbindungen und Aussichten, hofiert und überall gerne gesehen, nach der Vertreibung wollte keiner mehr etwas mit ihr zu tun haben. Wer Kinder hat, weiß, wie wichtig es ist, dass viele »meine Freundin sein wollen«. In der Unterkunft, mit der ganzen Familie in einem Zimmer, konnte sie vermutlich auch nicht in Ruhe schlafen, lernen oder Hausaufgaben machen – alles war schwerer. Eine Freundin hätte man dorthin erst recht nicht einladen können.«

In der Enge der Flüchtlingsunterkünfte verbreiten sich auch übertragbare Krankheiten schneller, sodass Flüchtlingskinder wirklich häufiger Läuse hatten. Und es gab noch kaum ein Mittel dagegen, außer die Haare radikal abzuschneiden, was vor allem für Mädchen unfassbar schambesetzt war.

Nach Kindheit und Jugend blieb es schwer: Bis in die 70er-Jahre war es auf dem Land und vermutlich auch in der Stadt verpönt, einen Flüchtling oder eine Vertriebene zu heiraten. Wer er dennoch tat, musste sich von den Nachbarn und von der Familie viel Despektierliches anhören. Für Flüchtlinge und Vertriebene galt es daher, sich so schnell wie möglich an die neue Umgebung anzupassen. Junge, gesunde und starke Männer waren, vor allem bei den Bauern, beliebt. Alle anderen waren nur unnütze Esser. Wer vom Nichts zu einem Jemand werden wollte, musste also ranklotzen. Morgens in der Schule die pünktlichste, ordentlichste, am besten gewaschene Schülerin sein; im Unterricht die Beste, Fleißigste und Zuverlässigste; auf dem Schulhof durch Dinge beeindrucken, die man auch ohne Geld haben konnte: Wagemut oder Überheblichkeit, Strenge oder Koketterie; und dazu ständig der Schmerz und für eine 7-Jährige wohl vor allem das Nicht-verstehen-Können, warum auf einen Schlag alles so anders ist.

Wie ist die Mutter damit umgegangen? Auch hier können wir nur mutmaßen.

»Sie war die Einzige der Familie, die nicht im direkten Umfeld der ehemaligen Flüchtlingsunterkunft blieb, sondern von Franken nach Lübeck zog. Möglichst weit weg, um fern von der Schmach ihrer Kindheit zu sein. Dort lernte sie ihren Mann kennen und versuchte mit allen Mitteln, den einst verlorenen sozialen Status wiederzuerlangen. Ohne Rücksicht auf Verluste. Auf der Strecke blieben dabei der menschliche Blick auf die anderen, ein Leben ohne krampfhaftes Ziel, Liebe und Vertrauen zu sich selbst, zu den Ihrigen und zum Leben.

Genau das spürte Herr Gerdes in seiner Kindheit und Jugend. Nur die Fassade nach außen zählte, die vermeintliche Stellung. Nichts war gut genug für die Mutter, auch wenn sich der Vater, und zunehmend auch die Kinder, abrackerten. Statt das Verlorene abzutrauern, wehrte die Mutter die Trauer mit aller Gewalt ab und verwandelte den erlebten Schmerz in Härte und Aggression gegen sich und die nächste Umgebung.

Mit Anfang 40 erlebt Herr Gerdes eine erste, massive Krise: Eine von seinem Chef verantwortete wirtschaftliche Fehlentscheidung hat für seine Abteilung schwere Konsequenzen: Er muss die Hälfte seiner

Mitarbeiter entlassen, er selbst muss sich in der Firma zurückstufen. Auch die Situation zu Hause ist äußerst angespannt. Herr Gerdes ist am Boden zerstört. Sein inneres Fazit: Ich genüge wieder nicht. Nachdem er die Abteilung gewechselt hat in einen Job, in dem er sich nicht wohlfühlt, und sich mühsam wieder hochgearbeitet hat, beruhigt sich die Situation. Über die Jahre schließen sich die Wunden – zumindest oberflächlich.

Zehn Jahre später ist er völlig genervt von diesem Job. Er lässt sich noch einmal von einer anderen Kanzlei abwerben und bekommt einen äußerst lukrativen Vertrag angeboten. Plötzlich fällt er, beinahe aus dem Nichts, in ein tiefes Loch. Obwohl er freigestellt wurde, finanziell unabhängig ist, ein neuer, spannender Job auf ihn wartet, kommt er mit keiner Faser seines Körpers zur Ruhe. Er kann keine Minute morgens länger liegen bleiben, setzt sich spätestens um acht Uhr an den Schreibtisch und gönnt sich kaum einen Moment für sich.«

Die Schatten der Vergangenheit seiner Mutter haben sich auf Stephan gelegt. Die von ihr als Kind empfundene, nicht bearbeitete Angst und Trauer, der Verlust der Existenz, all das wirkt in Stephan nach. Die aktuelle Realität kann sich nicht durchsetzen, alte, nicht einmal eigene Ängste dominieren sein Gefühlsleben. Er kommt nicht zur Ruhe, meint, überall aktiv sein zu müssen. Als würde etwas Schlimmes geschehen, wenn er lockerlassen, nicht auf der Hut sein würde. So wie die Siebenjährige, die aus dem Nichts ihre vertraute Umgebung verlor.

Das Thema »Transgenerationalität« wird in Fachkreisen seit einigen Jahren vor allem hinsichtlich der Weitergabe von Traumata betrachtet. Durch die Bücher von Sabine Bode, »Die vergessene Generation« und »Kriegsenkel«, wurde das Phänomen einem größeren Publikum bekannt. Doch auch Stimmungen, zwanghafter Ehrgeiz oder Verlustängste können über Generationen weitergereicht werden, um nur ein paar häufige Ausprägungen zu nennen. Bereits Freud hatte mit seinem Begriff »Gefühlserbschaft« hierauf hingewiesen.

In der Einleitung zu diesem Kapitel erwähne ich am Beispiel von

Berufstraditionen eine Art »vererbtes« Verantwortungsgefühl. Ein Teil davon ist vermutlich im wahrsten Sinne des Wortes vererbt, ein Teil aber auch normatives Korsett, in das ein Mensch hineingeboren wird. So gilt in manchen Arztfamilien seit Generationen die Devise »Patienten gehen immer vor«, in Unternehmerfamilien gilt es, immer noch mächtiger, innovativer und reicher zu werden als die Vorfahren oder Geschwister (und natürlich die Konkurrenz).

Schwierig wird es immer da, wo Kinder zum Beispiel mit einer ihnen eigenen Besonderheit in einer Familie von »Gleichen« aufwachsen:

»Mark Hübner wird in eine Familie von Künstlern hineingeboren. Schon der Urgroßvater hatte von seiner Kunst gelebt und hatte schon in New York und Tokio ausgestellt, damals eine große Ehre für die ganze Familie. Beide Großväter, der Vater und zwei Geschwister sind ebenfalls künstlerisch tätig, die meisten leben von der Malerei und sind entsprechend stolz. Sie sind hervorragend vernetzt, immer mit interessanten Menschen zusammen, inspiriert und inspirierend. Mark ist anders, ruhiger, bodenständiger, wie er meint. Er interessiert sich sehr für Zahlen und will eigentlich Mathematik studieren, vor allem die Wissenschaft begeistert ihn. Er befürchtet aber, von den Verwandten dafür nicht geschätzt oder von manchen gar verachtet zu werden. Schließlich schmeißt er sein Studium hin, weil er das Gerede nicht mehr aushält, und macht sich in den Werkstätten der Geschwister nützlich und übernimmt den Vertrieb. Er ist unglücklich damit, vor allem das ›Geschwätz‹ der Kunstkenner und Mäzene geht ihm auf die Nerven. Trotzdem denkt er, der Familientradition folgen zu müssen, nicht ausscheren zu dürfen. Wenn schon nicht als Künstler, dann wenigstens die Kunst fördernd. Es ist unzufrieden in seiner Arbeit, was nach und nach auch auf sein Privatleben abfärbt.«

Menschen wie Herr Hübner, die »irgendwie« nicht in ihre Familientradition passen, betrachten sich durch ihre »Ausnahmestellung« oft als defizitär. Sie genügen nicht den Familienstandards, versuchen diese aber trotzdem zu erfüllen. Sie denken: »Ich bin nicht gut genug – darum muss ich mich mehr anstrengen!« Statt ihren eigenen Neigungen, Talenten und Bedürfnissen zu folgen, übernehmen sie Verantwortung, die nicht zu ihnen passt und sie daher überfordert.

2.3 Innere Antreiber

Auch das Konzept der Antreiber aus der Transaktionsanalyse ist hilfreich, um zu verstehen, warum manche Menschen übermäßig viel Verantwortung übernehmen.

Antreiber sind ursprünglich elterliche Botschaften, die vorgeben, wie Kinder sich verhalten sollen, um den Ansprüchen und Vorstellungen der Erzieher gerecht zu werden. Folgt ein Kind diesen Anweisungen, kann es sich der Anerkennung der Bezugspersonen ziemlich sicher sein. Mit den Antreibern hat das Kind quasi einen »Kompass« zur Hand, der ihm in neuen Situationen sagt, wonach es sich richten kann, um die Zustimmung der anderen Menschen zu erhalten. Im Erwachsenen bleiben diese Antreiber, vor allem, wenn sie vonseiten der Eltern mit großer Intensität und Vehemenz eingefordert wurden, oft als sogenannte innere Antreiber bestehen. Sie sind in der Regel so internalisiert, also in uns eingebaut, dass wir sie oft nicht bewusst wahrnehmen.

Die häufigsten inneren Antreiber sind:

► Sei perfekt!
► Beeil dich!
► Mach's (anderen) recht!
► Sei stark!
► Streng dich an!

Welche dieser Aufforderungen kennen Sie? Welche fühlen sich so an, als würden sie zu Ihren üblichen Gedanken passen? Nach welchen Maximen handeln Sie?

Wenn innere Antreiber leicht ausgeprägt sind, kann dies dazu beitragen, dass wir mit uns und anderen gut umgehen. Etwas ordentlich zu sein, einigermaßen zügig Dinge zu erledigen, anderen einen Gefallen zu tun, stark zu sein und sich auch mal anzustrengen, ist für uns selbst und im Kontakt mit anderen hilfreich und wertvoll. Bei Menschen, die (zu) viel Verantwortung tragen, sind diese Antreiber allerdings oft sehr stark ausgeprägt. Manchmal so stark, dass sie alles andere dominieren und vor allem für die eigene Ruhe und Erholungsbedürftigkeit kein Raum mehr bleibt.

Da uns innere Antreiber kaum bewusst sind, sind wir ihnen zum Teil schutzlos ausgeliefert. Umso wertvoller ist es, sie erkennen zu können. Am leichtesten lassen sich Antreiber von einem Beobachter erkennen. Fragen Sie daher Ihren Partner oder einen guten Freund, was er oder sie über Sie denkt, welche Antreiber auf Sie zutreffen.

Um überfordernde innere Antreiber selbst zu erkennen, kann folgende Übung helfen:

Versetzen Sie sich gedanklich zurück in eine stressige Situation der vergangenen Woche. Überlegen Sie nun, welche der fünf Antreiber mit dazu beigetragen haben können, dass die Situation für Sie belastend oder anstrengend wurde. Notieren Sie diese Antreiber.

Meine Antreiber:

_____

_____

_____

_____

_____

_____

Gehen Sie nun noch ein Stück weiter zurück und betrachten Sie stressige Situationen des letzten Monats. Gehen Sie ebenso vor und vergleichen Sie: Sind es immer die gleichen Antreiber, die Ihnen Stress bereiten?

2.4 Berufswahl und Verantwortung

Auch in der Berufswahl eines Menschen zeigt sich, wie viel Verantwortung er oder sie übernehmen möchte und kann, und auch, von welchen Erfahrungen dieser Mensch geprägt wurde. So gibt es gerade in sozialen oder Gesundheitsberufen viele Menschen, die in ihrer Jugend schon viel Verantwortung für andere übernehmen mussten.

Hierzu ein paar Beispiele:

»Christiane Nickel ist Krankenschwester. Sie hat zwei Brüder, der Ältere leidet an einer schizophrenen Psychose, der Jüngere ist von Kind an schwer körperlich behindert. Die Eltern waren immer heilfroh, dass wenigstens bei der Tochter ›alles glattlief‹. Der Tochter konnte man mehr zumuten, sie war verlässlich und belastbar. Das wurde, bewusst und noch öfter unbewusst, weidlich ausgenutzt: Selbstverständlich musste die Tochter für die Brüder aushelfen, sie in der Schule oder im Freundeskreis verteidigen, mehr im Haushalt helfen als sie. Später, als die Eltern gebrechlich werden, muss sie für die Brüder allerlei Angelegenheiten regeln. Auch in ihrem Beruf kümmert sie sich um andere – mit dem Unterschied, dass sie hier feste Dienstzeiten hat, dafür bezahlt wird und auch mal fehlen kann, wenn es ihr nicht gut geht. Zu Hause war sie, im Vergleich zu ihren Brüdern, immer die Gesunde. Selbst wenn es ihr noch so schlecht ging: Der behinderte Bruder war immer kränker als sie. Sie lernte daher schon früh, sich selbst nicht so wichtig zu nehmen – es hätte ja eh keiner gemerkt. Stattdessen ergreift sie einen Beruf, in dem sie ihre Fähigkeiten perfekt umsetzen kann. In dem sie geschätzt und beliebt ist.«

»Max Jansen ist leitender Angestellter eines Automobilzulieferers. Er liebt seinen Job und ist dafür bekannt und geschätzt, dass er sich sehr um das Wohl seiner Mitarbeiter bemüht. Angestellte wollen daher gerne in seiner Abteilung arbeiten und erbringen gerne gute Leistungen. Das machte die Abteilung höchst erfolgreich. Auch Max hat schon früh Verantwortung übernehmen müssen. In seiner Jugend, er war gerade 15 Jahre alt geworden, hat er den Suizid seines älteren Bruders erleben müssen. Er fand ihn, wie er sich auf dem Dachboden erhängt hatte. Seinen Schock und den Verlust des Bruders musste er allein verarbeiten – seine Eltern brachen völlig zusammen. Noch jahrelang dauerte die Verzweiflung der Eltern an. Er musste eher für seine Eltern sorgen als sie für ihn. Dabei hätte er Unterstützung gebraucht. Aber seine Fähigkeit, mit übermenschlichen Anforderungen umzugehen und sich um andere zu kümmern, machen ihn heute zu einem verantwortungsvollen Chef. Erst eine ernsthafte Affäre seiner Frau bringt ihn aus dem Lot und mit schweren Panikattacken in die Klinik.«

»Julia Limmert ist Juristin und hat sich mit Ende 30 schon ganz schön hochgearbeitet. Sie hat bereits mehrere Teams geführt und ist nun Leiterin der Rechtsabteilung einer Unternehmensgruppe. Schon mit 17 Jahren hatte sie viel Verantwortung übernehmen müssen. Ihre Mutter, die ›abhängig von Männern‹ war, war vom Vater verlassen worden. Die Mutter litt darunter extrem, sie meinte, ohne ihn nicht leben zu können. So erinnert sich Julia, dass sie nach der Trennung der Eltern morgens oft mit der Angst in die Schule fuhr, dass sie bei der Rückkehr Krankenwagen und Polizei mit Blaulicht empfangen würden. Sie befürchtete fast täglich, ihre Mutter könne sich das Leben nehmen. Als die Mutter kurze Zeit später einen neuen Lebensgefährten fand, zog sie bereits nach zwei Monaten in dessen Wohnung. Julia blieb mit ihrem zwei Jahre jüngeren Bruder allein, den sie ›miterziehen‹ musste. Unter anderem rettete sie ihn aus dem Drogenmilieu – eine Aufgabe, die eine 17-Jährige eigentlich überhaupt nicht stemmen kann. Sie hatte den Eindruck, unglaublich stark zu sein. Ihr Berufswunsch ging mit ihren Fähigkeiten einher, Dinge auch unter starker persönlicher Belastung anzupacken und verantwortungsvoll für Andere zu sorgen. Wie groß das Ausmaß ihrer Überforderung als Jugendliche war, wird ihr erst viele Jahre später klar. Nach einer schweren Auseinandersetzung mit ihrer Vorgesetzten bricht sie plötzlich zusammen. Sie kann nicht mehr schlafen, weint oft stundenlang und ist überhaupt nicht mehr belastbar – sie, die in allen Lebenslagen die Starke war und für andere gesorgt hat. Hintergrund ist, dass sie sich bei ihrem Arbeitsbeginn in der Abteilung intensiv und freundschaftlich um die Chefin gekümmert hatte. Diese stand zu dem Zeitpunkt in den bitteren Kämpfen einer Scheidung und war völlig am Boden. Julia hatte sich intensiv um sie gekümmert und dabei wieder Grenzen überschritten, die nicht gut für sie waren. In all der Zeit fühlte sie sich stark – wie damals als Jugendliche, als sie plötzlich allein dastand und für ihre Schwester sorgte. Erst als sich die Freundschaft auflöste und die Vorgesetzte extrem feindselig ihr gegenüber agierte, brach Julia zusammen.«

All diese Menschen mussten in ihrer Jugend eine übermäßige, zu ihrem Alter in keiner Weise passende Menge an Verantwortung übernehmen. Sie mussten Situationen meistern, unter denen selbst viele Erwachsene zusammenbrechen würden. Diese Erfahrung ist ihnen zum einen ein Pfund geworden, mit dem sie in ihren gewählten Berufen äußerst professionell und erfolgreich sind. Andererseits ist die Erfahrung eine große Bürde, die zu einem späteren Zeitpunkt in ihrem Leben plötzlich um Zentner schwerer werden kann. So kann ein Mensch mit dieser Art von Erfahrungen und Fähigkeiten viel durchhalten und beruflich sehr erfolgreich werden. Aber ein Auslöser kann im späteren Leben den Mangel an Unterstützung, die Sehnsucht nach Umsorgtwerden und Wertschätzung wieder sichtbar und spürbar werden lassen. Beim letzten Beispiel war dies eine berufliche Situation, in der Julia einer Vorgesetzten freundschaftlich geholfen hatte und einige Zeit später von ihr im Stich gelassen wurde. Erst als Julia es schafft, die Situation und ihre Reaktion darauf als eine üble Erinnerung an ihre Verlassenheit und Überforderung nach der Trennung ihrer Eltern zu begreifen, erholt sie sich langsam. Sie kann nun erst die mangelnde Wertschätzung und den Freundschaftsmissbrauch der Vorgesetzten als deren Fehler erkennen. Sie kann jetzt lernen, nicht immer nur für andere zu sorgen. Sondern darauf zu achten, dass auch in ihrem Leben genug Ruhepausen, Energiequellen und Anerkennung Platz finden. Erst jetzt kann sie verstehen, dass auch für sich selbst zu sorgen wichtig und erlaubt ist.

Die Berufswahl eines Menschen kann also die Folge aus zu viel Verantwortung in Kindheit und Jugend sein. Zu frühe Verantwortung kann einen Menschen für bestimmte Berufe (zum Beispiel im sozialen Bereich) oder Positionen (Mitarbeiterverantwortung) prädestinieren. Sie kann hochgeschätzte Berufstätige schaffen, die umsichtig sind und für andere mitdenken und handeln. Die sich grundsätzlich wohlfühlen mit ihrer Verantwortung und diese auch gerne übernehmen. Gefährlich kann die Situation aber werden, wenn das Gleichgewicht zwischen Anforderung und Erholung bzw. Wertschätzung auf Dauer nicht stimmt. Oder wenn es zu gravierenden Lebensereignissen kommt, meistens in Form von Krisen in zwischenmenschlichen Beziehungen. Dann kippt das Gleichgewicht, und im schlimmsten Fall kommt das ganze Leben durcheinander.

2.5 Typen: Welche charakteristischen Muster gibt es bei der Übernahme von Verantwortung?

Immer wieder werde ich gefragt, ob es bei der Übernahme oder dem Teilen von Verantwortung bestimmte Typen gibt. Ob also Menschen auf eine typische Weise Verantwortung übernehmen oder auf eine typische Art und Weise nur schwer in der Lage sind, Verantwortung wieder abzugeben.

Im Folgenden skizziere ich Muster, denen ich in meiner Arbeit häufig begegne. Dabei gibt es einen engen Zusammenhang zwischen den Ursachen und der Art (bzw. dem Muster), in welcher Verantwortung übernommen wird. Nicht zwangsläufig führt eine der genannten Ursachen zu einem Übermaß an Verantwortungsübernahme im Erwachsenenalter. Aber Menschen, die solch eine Prägung erhalten haben, sind weitaus gefährdeter, als Erwachsene zu viel Verantwortung zu übernehmen.

Die Übernahme von Verantwortung (bzw. die Menge an Verantwortung und das Nicht-davon-lassen-Können) scheint vor allem dann Probleme zu machen, wenn eine der folgenden Ursachen zugrunde liegt:

Typische Ursache	Wie Verantwortung übernommen wird
Ein Elternteil oder beide Elternteile litten an einer Depression	Man fühlt sich immer in der Bringschuld, vor allem Menschen gegenüber, die hilflos oder auch depressiv sind
Ein Elternteil oder beide Elternteile litten an einer Suchterkrankung	Man glaubt, für den kranken Elternteil sowie den co-abhängigen anderen Elternteil und später für viele andere Menschen einspringen zu müssen
Ein Elternteil / beide Elternteile waren äußerst streng und unnachgiebig	Man gesteht sich keine Fehler zu, möchte alles immer perfekt machen und fühlt sich für alles und jedes verantwortlich, um nur ja nichts falsch zu machen
Die Ehe der Eltern war sehr konfliktreich	Man fühlt sich verantwortlich für Konflikte und versucht, diese zu lösen, auch wenn sie nichts mit einem selbst zu tun haben
Ein oder mehrere Geschwister sind schwer krank oder behindert	Man übernimmt, zum Beispiel im Beruf, viel Verantwortung für andere, nicht nur für Mitarbeiter, sondern auch für Kollegen oder Vorgesetzte
Anders sein als die anderen Familienmitglieder	Man übernimmt Verantwortung genau so, wie sie andere in der Familie übernommen haben, obwohl man gar nicht dieselben Talente hat wie die anderen, und überfordert sich damit

1. Ein Elternteil oder beide Elternteile litten an einer depressiven Erkrankung:

Die häufigste Ursache für spätere Schwierigkeiten, Verantwortung zu teilen, ist, als Kind mit einem depressiven Elternteil aufzuwachsen. Fast die Hälfte meiner Patienten haben solch eine Konstellation. Diese Menschen müssen schon als Kind oder Jugendlicher das erkrankte Elternteil phasenweise (zumindest emotional) mitversorgen. Besonders stark wirkt sich dies aus, wenn Mutter oder Vater alleinerziehend ist oder der andere Elternteil viel unterwegs und wenig verfügbar ist (zum Beispiel durch sehr lange oder unregelmäßige Arbeitszeiten und -orte). Solche Kinder müssen oft für gute Stimmung sorgen, manchmal auch den Haushalt managen und soziale Kontakte pflegen; ganz zu schweigen von der Verunsicherung, die ein Kind erlebt, wenn die wichtigste Bezugsperson emotional und in praktischen Alltagsdingen »ausfällt«. Das Kind ist eigentlich selbst verstört und unsicher und bräuchte unbedingt Unterstützung, um dies verstehen und verarbeiten zu können. Stattdessen wird es mit der Erkrankung des Elternteils allein gelassen, muss sich selbst helfen und auch noch einen Erwachsenen versorgen, also selbst erwachsen agieren!

Einen sehr guten Artikel über die Belastung von Kindern mit einem depressiven Elternteil finden Sie unter den Links im Anhang des Buches. Nachdem man erkannt hat, wie sehr psychische Erkrankungen der Eltern Kinder belasten, versucht man heutzutage, möglichst früh depressiv Erkrankten Hilfe anzubieten und das Thema Depression zu enttabuisieren, damit nicht mehr so viele Kinder unter akuten und späten Folgen eines depressiven Elternteils zu leiden haben.

❱❱Sebastian Zenger musste seiner schwer depressiven Mutter schon als 12-Jähriger den Haushalt führen. Der Vater lebte nicht mehr in der Familie. Sebastian war, wenn seine Mutter eine Krankheitsphase hatte, allein zuständig. Nach außen hin fröhlich, in der Schule beliebt, aber zu Hause massiv überlastet. Er überfordert sich auch als Erwachsener: Er führt eine beliebte Spezialitäten-Konditorei; weil seine Frau als Steuerberaterin einen 50–60-Stunden-Job hat, versorgt er die beiden Kinder jeden Tag mit frisch Gekochtem und mit der besten Unterstützung für die Schule, die ihm möglich ist. Trotzdem glaubt er fortwährend, nicht zu genügen, und zweifelt stets an sich. In der Therapie kann er sich zurückerinnern, dass er ganz ähnliche Gefühle in seiner Kindheit erlebt hat: Die Mutter war ganz plötzlich krank und depressiv geworden; oft sei er ganz verzweifelt gewesen, weil er es nicht schaffte, die Situation zu verbessern. Natürlich hatte er keine Chance, darauf Einfluss zu nehmen! Er konnte ja die Krankheit seiner Mutter nicht heilen. Aber das war für ihn als Junge nicht zu überblicken. Und seine Mutter begab sich nicht in Behandlung. Statt sich in depressiven Phasen Unterstützung zu holen, zog sie sich zurück. Umso isolierter war die Familie, umso mehr Sebastian auf sich gestellt. Er war der erwachsen Agierende, die Mutter war wie ein hilfloses Kind.«

Parentifizierung nennt man dieses Phänomen in der Psychologie. Die Kinder werden zu parents – Eltern. Sie übernehmen zum Beispiel die Sorge um den Haushalt, das tägliche Essen, die Versorgung der jüngeren Geschwister und vor allem, besonders gefährlich und folgenschwer, die emotionale Stabilisierung des depressiven Elternteils. Dadurch fühlen sich betroffene Kinder zunächst oft als etwas Besonderes. Es fühlt sich in der ersten Zeit fast gut für die Kinder an – welches Kind will nicht »groß sein«, gebraucht werden und Erwachsenen-Dinge machen? Aber die Fallhöhe ist tief: Denn real können Kinder nicht als Erwachsene wirken, zu gering ist ihr Erfahrungsschatz, zu klein ihre Macht und ihre Möglichkeiten und zu unbeeinflussbar die Symptome des erkrankten Elternteils. Es besteht also eine massive Überforderung und Über-Verantwortung, gepaart mit dem Gefühl, es nicht zu schaffen, unfähig zu sein und zu versagen. Dazu kommt, dass sich der Betroffene in der Regel nicht oder nur wenig um seine eigenen, kindlichen oder jugendlichen Bedürfnisse kümmern kann.

2. Suchterkrankung eines Elternteils

Ähnlich wie bei einem depressiven Elternteil verhält es sich, wenn Eltern ein Suchtproblem haben. Auch hier muss das Kind oft viel zu früh und dysfunktional Verantwortung übernehmen und ist phasenweise völlig allein gelassen.

»Katharina Binders Vater ist drogenabhängig. In ihrer Kindheit war der Vater immer wieder völlig unplanbar weg oder im Rausch gewesen, was für die kleine Katharina fast gleichbedeutend war: Er war nicht für sie da. Zwischen den Eltern gab es ständig Streit. Schon als Fünfjährige habe sie sich an manchen Tagen allein das Essen machen müssen. Als Erwachsene muss Katharina immer noch für ihren Vater aufkommen. Er ist Hartz-IV-berechtigt, und da sie als Steuerberaterin gut verdient, muss sie für ihn zahlen. Sie arbeitet wie besessen, um alles zu finanzieren. Auch ihre Mutter ist unselbständig und hilft ihr in keiner Weise mit ihren Kindern. Sie will selbst Aufmerksamkeit, statt der gestressten Katharina zu helfen.**«**

3. Autoritärer, unnachgiebiger Erziehungsstil der Eltern

Oft sind Vater oder Mutter von Menschen, die sich schwertun, Verantwortung abzugeben, in ihrer Erziehung streng und herrisch. Nur ihre Meinung zählt, Strafen werden bis an die Grenze der Unmenschlichkeit durchgezogen. Kinder fühlen sich machtlos und verzweifeln schier an der Übermacht der Eltern. Im späteren Leben wagen es diese Menschen nicht, einmal nicht die volle Leistung abzurufen, selbst nicht in eigentlich unwichtigen Situationen. Sie reißen alles an sich, meinen, in jeder Lebenssituation bestehen zu müssen und überall der Beste zu sein, um ja keine Kontrolle über sich zu verlieren.

»Niklas Demmel kann sich noch erinnern, dass er im Alter von drei oder vier Jahren auf dem Boden vor dem Esszimmer sitzen musste, wenn er nicht mit Messer und Gabel gegessen hatte oder wenn er etwas vom Tisch hatte herunterfallen lassen. Auch Weinen oder Flehen half nicht. An seine Verzweiflung vor der Tür kann er sich noch erinnern. In eine Lebenskrise gerät Niklas, während er, gerade zum zweiten Mal Vater geworden, in einem Textilunternehmen als Vertriebsmitarbeiter arbeitet. Er ist überaus engagiert und erfolgreich, bei jeder kleinsten Abweichung von den Verkaufsplanungen steht aber sofort der Unternehmensinhaber im Büro und stellt ihn zur Rede. Selbst wenn er nichts für die aktuellen Zahlen kann, weil zum Beispiel ein Kollege länger erkrankt ist, nimmt er die volle Verantwortung auf sich und strengt sich in der Folgezeit noch mehr an. Schließlich hat er schon Herzrasen, wenn nur die Nummer des Inhabers auf seinem Handydisplay aufleuchtet.«

4. Konfliktreiche Beziehung der Eltern

Auch eine sehr schwierige Beziehung der Eltern untereinander kann dazu führen, dass das Kind (und später auch das erwachsen gewordene Kind) in zu hohem Maße Verantwortung übernimmt. In schwierigen Ehen fühlen sich Kinder leicht zuständig dafür, dass es friedlich bleibt, dass der Vater »nicht so oft weg« ist, dass die unglückliche Mutter getröstet wird. Später übertragen sie diese Gefühle und Verhaltensweisen auf andere Beziehungen und fühlen sich im beruflichen Umfeld oder in ihrer eigenen Familie als Streitschlichter, Versöhner, Gute-Stimmung-Macher.

»Naomi Arensens Eltern hatten, so lange sie sich erinnern kann, viel Streit. Ihr Vater hatte immer schon ein oder sogar mehrere Freundinnen parallel zu seiner Ehe. Beruflich war er viel unterwegs. An Wochenenden stritten die Eltern viel; wenn Naomi etwas wollte, blieb dafür meist keine Zeit. Die Mutter klagte gegenüber der jungen Tochter über den Vater. Es ging gefühlt immer um die Erwachsenen und ihre Unfähigkeit, eine Beziehung zu führen. Naomi versuchte nach Kräften, die Mutter zu beruhigen und den Vater durch Wohlverhalten dazu zu bewegen, mehr zu Hause zu sein. Ohne Erfolg. Als Erwachsene fühlt sie sich immer noch für die Eltern verantwortlich, erledigt für die unselbständige Mutter alle finanziellen Angelegenheiten und bemüht sich auch in der Arbeit, immer alles richtig zu machen, sodass es möglichst keine Konflikte zwischen den Kollegen gibt.«

5. Ein Geschwisterkind ist schwer krank oder behindert

Menschen, die schon als Kinder oder Jugendliche zu viel Verantwortung im Vergleich zu ihren Geschwistern übernehmen mussten (durch schwere Krankheit oder Behinderung eines Geschwisters), sind ebenfalls gefährdet, sich als Erwachsene zu viel aufzubürden. Sie lernen sehr früh, angesichts des Geschwisters, auf das immer Rücksicht genommen werden muss, zurückzustecken. Häufig versuchen sie die Eltern zusätzlich zu entlasten, indem sie sich um den Bruder oder die Schwester kümmern, ihn oder sie in der Schule verteidigen oder im Freundeskreis unterstützen. Vor allem ältere Geschwister von chronisch kranken oder behinderten Kindern erleben dieses Muster.

»Nicola Herwig wuchs in einer großen Familie auf. Als Älteste hatte sie schon früh auf die Kleinen aufgepasst. Als das jüngste Geschwisterkind mit einer schweren Behinderung geboren wurde, waren die Eltern plötzlich kaum mehr verfügbar. Nun landete noch mehr auf ihren Schultern, und selbst als ihre sonst guten Schulleistungen schlechter wurden, gab es keine Unterstützung. Sie kämpfte sich durch und blieb auch im späteren Leben immer jemand, der sich viel um andere kümmerte und wenig auf die eigenen Bedürfnisse achtete.«

6. Anders sein in der Familie

Ein weiterer Gefährdungsfaktor ist, wenn man als Kind nicht in seiner Besonderheit gesehen werden konnte. Wenn man beispielsweise in eine Familie mit lauter Extrovertierten hineingeboren wurde, selbst aber introvertiert ist.

»Jan Mertens ist ältester Sohn eines Unternehmers. Er führt seit fünf Jahren zusammen mit seinem jüngeren Bruder die Firma in dritter Generation, Vater und Mutter helfen noch gelegentlich aus, wenn Not am Mann ist. Der Großvater hat »im Schweiße seines Angesichts« ein Maschinenbau-Unternehmen gegründet, der Vater hat vergrößert, und nun sind sein Bruder und er dran. Alle Beteiligten sind in ihrem Element. Zwar gut beschäftigt und manchmal im Stress, aber in ihrem Element. Außer ihm. Er fühlt sich nur selten wohl in der Arbeit, kann schwer abschalten, und seine Ehe ist durch seine häufige Unzufriedenheit schon länger belastet. Die Firma ist so aufgeteilt, dass sein Bruder ein Werk in Deutschland, er eines in Österreich leitet. Sein Bruder, wie schon sein Vater (und auch sein Großvater, der das Unternehmen gegründet hatte), sind sehr kontaktfreudige Menschen. Alle männlichen Verwandten waren und sind absolute Macher-Typen: immer auf Achse, in allen Vereinen aktiv, hervorragende Netzwerker und Verkäufer. Sie sitzen bis spätabends mit Geschäftskollegen zusammen, gehen gerne auf Messen, um die Produkte der Firma vorzustellen und natürlich zu verkaufen. Alles zum Wohl des Unternehmens und der Familie. Jan weiß schon früh, dass er auch so sein oder zumindest werden sollte, und strengt sich mit allen ihm zur Verfügung stehenden Möglichkeiten an. Aber er schafft es nicht. Er hat an solchen Terminen überhaupt keine Freude. Selbstverständlich gehören sie dazu und sind notwendig, aber anders als der Rest der Verwandten verspürt er weder Spaß noch Genugtuung dabei. Er ist mehr der ruhige, stille Tüftler. Wenn er durch eines der firmeneigenen Werke geht, fallen ihm immer tausend Sachen ein, die man noch verbessern oder für die Arbeiter vereinfachen könnte. Beim Autofahren, beim Sport und auch manchmal nachts kommen ihm die besten Ideen. Die Verantwortung für die Kundenpflege ist ihm jedoch ein Graus. Hierbei fühlt er sich meist unwohl, vor den Terminen mit Kunden hat er zum Teil richtiggehend Angst. Er erinnert sich im Laufe des Coachings, dass er schon als Fünfzehnjähriger ab und zu mit Tränen in den Augen am Fenster gestanden und sich gefragt hat, wie er das alles schaffen sollte. Er fühlte sich von der bevorstehenden Bürde völlig überfordert. Da seine Eltern, Geschwister und Großeltern aber alle ganz anders gestrickt waren oder sind als er, konnten sie seine Andersartigkeit nicht sehen, geschweige denn wertschätzen. Sie hatten überhaupt keinen Blick für seine Talente. Infolgedessen übernimmt er Aufgaben und Verantwortung, die nicht zu ihm passen und mit denen er sich überfordert. **«**

2.6 Schlechtes Gewissen: Ein nutzloses Gefühl?

Viele meiner Klienten, Seminarteilnehmer und Coachees sprechen von »schlechtem Gewissen«, das sie gegenüber Menschen, Verpflichtungen oder Institutionen empfinden. Wenn ich frage, was dieser Begriff genau bedeutet, können viele dies nur schwer erklären. Es sei ein unangenehmes Gefühl und sie kennen es schon fast ihr Leben lang. Wie sonderbar: Ein Gefühl, das einen schon seit Jahren quält, kann man kaum näher beschreiben.

Es gibt dabei ein interessantes Paradoxon: Oft sind es gerade die Klientinnen und Klienten, die besonders viel für andere und für die Gemeinschaft tun, die ein »schlechtes Gewissen« haben.

» Stephanie Otto war ehrenamtlich in zwei Landgemeinden aktiv, sie arbeitete hierfür zum Teil bis zu 60 Stunden pro Woche. In vielen Bereichen hatte sie große Verantwortung übernommen, war auch mehrere Jahre im Gemeinderat tätig. Wenige Monate nachdem sie es in einer der Gemeinden nach langem Zögern endlich geschafft hatte, einen Teil ihrer Ämter und Tätigkeiten niederzulegen, nahm sie ihren pflegebedürftigen Vater bei sich zu Hause auf. Sie organisierte mit hohem persönlichen, logistischen und finanziellen Aufwand die 24-Stunden-Betreuung. Anschließend war sie immer für Notfälle, wenn zum Beispiel eine Pflegekraft erkrankte, im Einsatz und natürlich immer zur Stelle, wenn sie zu Hause war und der Vater nach ihr rief. **«**

Können Sie sich vorstellen, dass diese Frau trotz all ihrer Bemühungen und Anstrengungen für andere ein schlechtes Gewissen hatte?

Um das besser zu verstehen, lohnt es sich, dieses diffuse, oft gegen sich selbst gerichtete und freiheitsberaubende Gefühl in seine einzelnen Bestandteile zu zerlegen. Wir haben so die Chance, mehr darüber zu erfahren, um es dann bändigen zu können. Wie Medizinstudenten im ersten Semester beginnen wir mit der Anatomie und schneiden das schlechte Gewissen erst mal auseinander, um es besser zu verstehen und durch dieses Verständnis Wege zu finden, etwas dagegen zu unternehmen. Damit uns das schlechte Gewissen nicht mehr beherrschen kann, sondern wir die Oberhand gewinnen.

Welche verschiedenen Elemente verstecken sich also hinter diesem sonderbaren Gefühl? Aus meiner Erfahrung gehören folgende Bestandteile zu einem ›ordentlichen‹ schlechten Gewissen:

- eigenes Unwohlsein in einer Situation
- hoher Maßstab an sich (und manchmal auch an andere)
- nicht vertraut mit sich sein
- nicht wissen, was einem guttut
- sich zu viel zumuten (»zu viele Baustellen«), sodass zwangsläufig nicht alles zu schaffen ist
- Aggression von anderen (früher oder jetzt erlebt), die in Selbstaggression umgewandelt wird.

Ein dauerhaft schlechtes Gewissen ist nicht gut für die Seele. Nicht verwechseln sollte man es mit moralischem Gewissen oder kritischem Gedenken. Das Gedenken an eigene Vergehen, aber auch das richtige Gedenken an Vergehen der Vorfahren ist wichtig. Verstehen, warum etwas so war, kann helfen, es beim nächsten Mal nicht wieder so zu machen.

In Fortbildungen für Führungskräfte arbeite ich regelmäßig mit Rückblicken. Zum Beispiel indem ich Manager von eigenen Erfahrungen mit Demotivation, mangelnder Wertschätzung und verletzendem Verhalten von ihren früheren Vorgesetzten erzählen lasse. Sie berichten davon, wie sie selbst von ihrem Chef zusammengebrüllt, vor versammelter Mannschaft bloßgestellt oder grundlos kritisiert wurden. Anschließend versuchen sie sich noch einmal in die damaligen Gefühle hineinzuversetzen und dann zu überlegen, welches Verhalten sie sich stattdessen von dem Vorgesetzten gewünscht hätten. Das unterstützt Überlegungen, wie Führungskräfte mit ihrer eigenen Führungsarbeit sorgfältiger umgehen können. Durch die aktive Verarbeitung von selbst erlebtem Leid wird verhindert, wiederum einem anderen Schutzbefohlenen Leid anzutun.

Gewissen und Gedenken erfüllen also wichtige Funktionen. Manifestieren sie sich aber als dauerhaft schlechtes Gewissen, so hemmt es das Miteinander und quält den Einzelnen.

Woher kommt das schlechte Gewissen?

Grundsätzlich ist das Gewissen eine gute und zweckdienliche menschliche Eigenschaft. Es sorgt dafür, dass wir nicht ausschließlich eigennützig agieren, sondern immer auch den anderen im Blick haben. In der menschlichen Gesellschaft sorgt es für Ausgleich und Kooperation, es führt im Idealfall dazu, dass jeder zum Zuge kommt und keiner übervorteilt wird.

Es ist also gut, dass wir ein Gewissen und eine mehr oder weniger feste Vorstellung von einem fairen Umgang miteinander haben. Aus unserer Geschichte wissen wir, was passiert, wenn das Gewissen gegenüber Mitmenschen verloren geht.

Auf der anderen Seite ist es vor allem der eigenen Gesundheit (und letztendlich auch der Umgebung) nicht zuträglich, wenn wir in einem ständigen Zustand vermeintlicher Bringschuld leben. Die oben erwähnte Patientin, die sich bis zur Erschöpfung für Gemeinden und Familie engagierte, hatte am Schluss selbst keine Kraft mehr und konnte so auch ihrem Vater nicht mehr helfen.

Ursachen für ein schlechtes Gewissen können sein:

- Vorbild Eltern I: Das permanente schlechte Gewissen eines Elternteils wird ›übernommen‹ (nicht zwingend im gleichen Lebensbereich: So kann zum Beispiel ein Sohn übermäßig viel schlechtes Gewissen gegenüber seinen Kindern oder seinen

Kollegen empfinden, wenn der Vater häufig fremdgegangen ist und ein schlechtes Gewissen gegenüber seiner Frau hatte).

- Vorbild Eltern II: Ein Elternteil oder beide leben ein übermäßiges Pflichtgefühl vor; hier spielt oft das gesellschaftliche Umfeld oder Berufstradition eine Rolle.
- Erlebnis eines Verlustes in der eigenen Lebensgeschichte: Nur durch harte Arbeit und Perfektion in allen Lebensbereichen kann ich einen erneuten Verlust verhindern.
- Erlebnis eines Verlustes in der Familiengeschichte: Ähnlich wie beim zuletzt genannten Punkt, häufig bei Nachkommen von Vertriebenen oder Geflüchteten.
- Kollektive, nicht wiedergutmachbare Schuld, wie die dem Nationalsozialismus nachfolgenden Generationen in Deutschland sie empfinden mögen.

In den folgenden Kapiteln werden uns einige dieser Ursachen wieder begegnen. Sie spielen eine große Rolle dabei, dass manche Menschen zu viel auf ihre Schultern nehmen.

Schuldgefühle und Überforderung: ein Teufelskreis

Je mehr wir uns überfordern, umso stärker brennen wir aus. Je erschöpfter wir sind, umso weniger bekommen wir auf die Reihe. Je weniger wir auf die Reihe bekommen, umso ungenügender und schuldiger fühlen wir uns. Je ungenügender wir uns fühlen, umso mehr rackern wir uns ab und überfordern uns. Ein Kreislauf, der sich selbst nährt. Für meine Patienten ist es oft so wie für manche Gläubige im Mittelalter: Sie geißeln sich selbst, wenn sie meinen, etwas nicht gut genug zu machen. Nicht mehr mit der Peitsche wie damals, aber mit selbstkritischen, zum Teil selbstverletzenden oder -zerstörerischen Gedanken. Wie eine Art Reflex gibt es bei Menschen, die Schuldgefühle haben, einen Automatismus, der bei Unwohlsein automatisch zuschlägt: Ich fühle mich unwohl, also habe ich etwas falsch oder nicht gut genug gemacht – also muss ich mich weiter antreiben. Statt sich zu beruhigen, sich zu trösten, dass etwas einmal nicht so gut geklappt hat, treiben sie sich an und lassen sich keine Ruhe. Das führt auf Dauer zu Überforderung und zu einem negativen Selbstbild. Statt sich Mut zu machen für einen nächsten Versuch, gehen diese Menschen sehr hart mit sich ins Gericht, überlasten sich und schaden sich damit auf Dauer selbst.

2.7 Wann wird Verantwortung zu Überforderung?

Eine interessante Frage ist, wann das System zusammenbricht. Wann also ein Mensch, der sein Leben lang (zu) viel Verantwortung übernommen hat, nicht mehr kann und/oder krank wird. Wie schon in einigen Beispielen geschildert, ist dies häufig der Fall, wenn ein Auslöser eintritt, der stark an die in Kindheit und Jugend erlittene Überforderung erinnert. Dies kann sowohl im privaten als auch im beruflichen Kontext passieren. Ein häufiger Auslöser ist auch, wenn zu den Routine-Belastungen und -Verantwortungen noch ein größerer Brocken hinzukommt, beispielsweise durch eine Trennung oder den Verlust eines nahen Angehörigen, durch die Pflegebedürftigkeit der Eltern oder eine berufliche Veränderung. Manchmal ist der Auslöser für den Betroffenen auch kaum zu identifizieren. So kann es passieren, dass während einer eigentlich herbeigesehnten Ruhepause plötzlich ein Gefühl der Leere und Sinnlosigkeit auftaucht, das in engem Zusammenhang mit der lebenslangen Überforderung steht. Hier ist keine zusätzliche Anforderung oder Belastung der Auslöser der Krise, sondern die (oft erstmalige) Ruhepause ohne den üblichen Dauerstress.

2.8 Trage ich zu viel Verantwortung?

Um einen Eindruck zu gewinnen, wie viel Verantwortung Sie in ihrem Leben übernehmen und ob es insgesamt zu viel ist, hier ein kurzer Fragebogen. Beantworten Sie die Fragen spontan nach ihrem augenblicklichen Gefühl und setzen Sie ein Kreuz in die Kästchen, die Ihren Antworten am nächsten kommen.

Selbsttest

	Trifft nie zu	Trifft selten zu	Trifft manch- mal zu	Trifft oft zu	Trifft fast immer zu	Trifft immer zu
Wenn alle sich weg- ducken, stehe ich auf						
In meiner Arbeit können sich alle auf mich verlassen						
In meiner Familie sorge ich dafür, dass es allen gut geht						
Ich freue mich, wenn ich durch meine Leistung anerkannt bin						
Ich helfe gerne						
Für andere zu sorgen, ist mir ein Bedürfnis						
Ich bin erst zufrieden, wenn ich mein Bestes gegeben habe						
Ich vergesse meine eigenen Bedürfnisse						

Je mehr Ihrer Antworten sich in den rechten Spalten finden, umso größer ist die Wahrscheinlichkeit, dass Sie zu viel Verantwortung in Ihrem Leben schultern. Wenn Sie sich damit rundum wohlfühlen, kann es im Augenblick in Ordnung sein. Sie sollten aber darauf achten, dass die Verantwortung Sie nicht überlastet. Achten Sie auf Zeichen der Überforderung, wie körperliche Stresssymptome, Verlust der Regenerationsfähigkeit und negative Gedanken.

3. Was ist das, Verantwortung?

Wenn wir von Verantwortung sprechen, meinen wir meist unterschiedliche und sich ergänzende Dinge.

Laut Duden ist Verantwortung

1. eine mit einer bestimmten Aufgabe oder/und Stellung verbundene Verpflichtung, dafür zu sorgen, dass (innerhalb eines bestimmten Rahmens) alles einen möglichst guten Verlauf nimmt, das jeweils Notwendige und Richtige getan wird und möglichst kein Schaden entsteht.
2. die Verpflichtung, für etwas Geschehenes einzustehen (und sich zu verantworten)
3. das Verantwortungsbewusstsein oder -gefühl.

Verantwortung ist also schon per Definition ein komplexes Gebilde: Es gehören dazu Verpflichtungen, Handeln und anschließendes Den-Kopf-dafür-Hinhalten, aber auch Bewusstsein und Gefühl. Und es hat mit richtig, gut und notwendig zu tun. Außerdem soll kein Schaden entstehen. Wenn wir diese Worte auf uns wirken lassen, dann kann schon beim Lesen ein Gefühl der Überforderung entstehen. Warum tun sich Menschen trotzdem Verantwortung an?

Um das zu verstehen, lohnt sich ein Blick in die Vergangenheit, in Philosophie und Gesellschaft und auch in kleine Gruppen von Menschen, also Teams oder Familien. Wer in Gruppen Verantwortung im oben stehenden Sinne übernimmt, macht in der Regel etwas Gutes und Hilfreiches für die Gruppe. Der Firmenchef kümmert sich darum und hat die Verantwortung dafür, dass Aufträge regelmäßig eintreffen, und sorgt damit für Arbeit und Lohn für seine Angestellten. Der Trainer einer Fußballmannschaft gibt den Fußballern Anweisungen und glaubt an sie, damit sie Spiele leichter gewinnen können. Eltern verdienen

Geld und finanzieren so für alle Familienmitglieder Unterkunft, Essen, Fortbewegung und Hobbys. Außerdem organisieren sie viele Dinge für ihre Kinder, solange diese dazu noch nicht in der Lage sind. Die Sekretärin in einem Team erledigt Terminplanungen und macht Reisebuchungen, sodass die Teammitglieder weniger Arbeit haben und zu akzeptablen Zeiten nach einer Dienstreise wieder zu Hause sind.

Wer Verantwortung übernimmt, bekommt – wenn alles gut läuft – Lob und Anerkennung. Er wird für sein verantwortungsbewusstes Verhalten geschätzt, in der Gruppe, aber auch oft über die Gruppe hinaus. Die Sekretärin, die Dienstreisen für Mitarbeiter bucht und ihnen damit den Rücken frei hält, bekommt (hoffentlich) öfter einen Dank zu hören. Wenn sie konstant so gute Arbeit macht, wird sie vielleicht von einer anderen Abteilung oder einem anderen Unternehmen abgeworben. Schwierig wird es, wenn jemand Verantwortung übernimmt und dafür wenig oder keine Anerkennung erhält. Wenn Kollegen also nur eine Rückmeldung geben, wenn mal etwas nicht funktioniert. Oder noch schlimmer, sie untereinander ›lästern‹, was alles nicht geklappt hat.

Ein weiterer wichtiger Punkt ist der im Duden-Zitat erwähnte Rahmen. »Innerhalb eines bestimmten Rahmens« soll ein Verantwortlicher dafür sorgen, dass es gut läuft. Der Duden ist hier sehr unpräzise. Und für meine Patienten ist das eine äußerst schwierige Abschätzung. Sie neigen dazu, den Rahmen um ein Vielfaches größer auszulegen, als es notwendig und sinnvoll ist. Um beim Beispiel der Sekretärin zu bleiben, stelle man sich vor, dass sie nicht nur die Dienstreisen plant, sondern sich darüber hinaus verantwortlich fühlt, dass auch während der Reise alles glatt läuft (obwohl sie nicht vor Ort dabei ist und auf vieles gar keinen Einfluss nehmen kann).

Verantwortung übernehmen bedeutet in der Regel, mehr beeinflussen und unter Kontrolle haben zu können. Doch auch im Leben eines modernen Menschen, in einer hoch technisierten und relativ sicheren Welt gibt es Momente, die wir nicht beeinflussen können. Ob zum Beispiel ein Mensch gezeugt und geboren wird oder wie dieser neue Mensch sich entwickelt, liegt nur zu einem kleinen Teil in unserer Hand.

Vor allem kinderlose Paare können ein Lied davon singen. Sie haben jahrelang auf ein Kind gewartet und haben zum Teil alles Erdenkliche versucht, um schwanger zu werden. Und doch gibt es einen Rest, der einfach nicht zu beeinflussen ist. Und für den wir entsprechend die Verantwortung eigentlich nicht übernehmen können. So gibt es auch Wichtiges, das wir nicht im Griff haben, sondern als Schicksal, Zufall oder (je nachdem, woran wir glauben) Gottes Willen annehmen müssen. Was sind noch zusätzliche Aspekte von Verantwortung? Welche Elemente, Kriterien und Gründe wirken darauf ein, auf welche Art wir Verantwortung übernehmen? Ich will mit Ihnen drei Bereiche betrachten, die ich für besonders wichtig halte.

3.1 Schicksal oder Gottes Wille? Philosophische Aspekte

Wo es Verantwortung gibt, gibt es keine Schuld.

Albert Camus (1913–1960), französischer Schriftsteller und Philosoph

Für meine Patienten ist es leider umgekehrt. Sie übernehmen leidenschaftlich jede Menge Verantwortung – und fühlen sich schuldig, wenn etwas nicht funktioniert. Und natürlich funktioniert immer etwas nicht. Manche fühlen sich dafür verantwortlich, wie die Stimmung der Familienmitglieder beim Aufwachen ist. Oder ob der Kollege seine Arbeit rechtzeitig fertigstellt. Wie die Laune des Chefs in einer Sitzung ist. Woraus nährt sich diese Einstellung?

Vor allem Philosophie und Theologie beschäftigen sich seit Jahrtausenden mit dem Thema Verantwortung. Den Denkansatz, den viele meiner Patienten haben, also sich übermäßig verantwortlich zu fühlen, haben auch Philosophen formuliert. Seneca hatte folgende Vorstellung von der Verantwortung für das eigene Verhalten:

Man muss sich von seinem Verhalten täglich selbst
Rechenschaft geben.

*Seneca (ca. 4 v. Chr. – 65 n. Chr.), römischer Philosoph und Lehrer
Kaiser Neros*

Was als konstruktive Selbstbeobachtung gedacht ist, kann bei übermäßigem Gebrauch dazu führen, dass man in Selbstkritik ertrinkt. Ob dies auch Einfluss auf sein Lebensende hatte, bleibt unklar: Seneca tötete sich auf Geheiß des Kaisers, seines ehemaligen Schülers, selbst.

Kant hat mit seinem kategorischen Imperativ Ähnliches von der Verantwortung des Einzelnen gefordert:

Handle nur nach derjenigen Maxime, durch die du zugleich
wollen kannst, dass sie ein allgemeines Gesetz werde.

Immanuel Kant (1724–1804), deutscher Philosoph

Auch hier ist der Grundgedanke ein die Gemeinschaft und letztlich auch den Einzelnen bereichernder. Doch konsequent zu Ende gedacht und in jeder Kleinigkeit gelebt, kann er das Leben schwer machen und zu Überforderung führen.

Die Bibel ist in einigen Passagen ähnlich fordernd. Von Verantwortlichkeit bis hin zur Opferung des eigenen Lebens können wir im Neuen Testament lesen:

Der gute Hirt gibt sein Leben hin für die Schafe. Der bezahlte
Knecht aber, der nicht Hirt ist und dem die Schafe nicht
gehören, sieht den Wolf kommen, lässt die Schafe im Stich
und flieht; und der Wolf reißt sie und zerstreut sie.

Johannes 10, Vers 11

Was als liebende Selbstverständlichkeit gedacht ist, empfinden manche Menschen als unbedingte Anforderung. Der Verantwortungsvolle opfert sich – bis zu dem Punkt, dass er sein Leben gibt. Im Umkehrschluss kann das heißen: Wer sich nicht aufopfert, ist verantwortungslos.

Viele meiner Patienten opfern sich für andere auf. Bis zu dem Punkt, dass sie selbst nicht mehr für ihre elementaren Bedürfnisse sorgen und krank werden. Und sie fühlen sich nicht nur verantwortlich. Wenn nicht alles so klappt, wie sie denken, dass es klappen müsste, fühlen sie sich schuldig. Vor allem die Theologie beschäftigt sich mit dem Begriff der Schuld oder Sünde. So gibt es einen jahrhundertelangen Diskurs darüber, wie schuldig der Mensch von Geburt an ist (Erbsünde). Und im modernen Leben gibt es diese Debatte durchaus auch ohne theologischen Hintergrund. Selbst wenn ein Mensch in einem Industriestaat keinerlei Straftaten nach geltenden Gesetzen begeht, was man ja als Sünde oder Schuldigkeit bezeichnen kann, so ist er doch schuldig: Indem er zum Beispiel in Deutschland mehr als doppelt so viel Ressourcen verbraucht, wie die Umwelt verkraften kann.

Verantwortung ist, mit den oben genannten Maximen, durchaus mühsam. Auf der anderen Seite gibt es auch im theologischen und philosophischen Bereich Entlastung für den verantwortungsbewussten Menschen. Luther formulierte es in seinen zentralen Schriften so, dass der Mensch fehlbar ist und nicht perfekt sein *kann*. Und sich daher auch nicht von Sünden freikaufen muss, weil diese einfach menschlich sind. Er verstand die Bibel so, dass ein Christ durch den Glauben und der damit verbundenen bedingungslosen Liebe Gottes auch Fehler machen darf. Wenn er in Liebe handelt, ist sein Tun, auch wenn es fehlerhaft und unvollkommen ist, gut. Wir müssen nicht perfekt sein, um uns selbst und andere lieben zu können.

Komplette Stabilität ist unlebendig

Ein perfekt durchgeplantes Leben ist zudem unlebendig. Erst wenn wir es schaffen, uns bewegen zu lassen, können wir wachsen und den Anforderungen des Lebens begegnen – wie ein Baum, der in seiner natürlichen Wuchsform Elastizität mitbringt, damit er bei Stürmen nicht gebrochen wird. Komplette Berechenbarkeit oder Symmetrie ist ebenso wenig lebendig: Wenn man künstliche Gesichter aus zwei identischen Gesichtshälften konstruiert, wirken diese weniger anziehend – obwohl das »ideale« Gesicht umso schöner empfunden wird, je symmetrischer es ist.

Für Verantwortlichkeit heißt das, dass wir gut daran tun, nicht dem 100-prozentigen Ideal nachzustreben. 80 Prozent reichen vollkommen aus. Nur in die *Richtung* eines Ideals zu gehen kann besser, attraktiver sein und spart zudem Energie. Wenn wir für unsere Liebsten alles richtig machen wollen, kann es besser sein, nur ein Stück des Weges zu gehen. Um Kraft dafür zu sparen, wenn wirklich mal ein Sturm kommt. Sich selbst und die anderen zu lieben in aller Unvollkommenheit ist kräftigend und eine der besten Voraussetzungen, das Leben zu meistern und gleichzeitig zu genießen. Friedemann Schulz von Thun hat dies in seinem »Wertequadrat« anschaulich beschrieben. Eigenschaften, die uns auszeichnen (wie Genauigkeit oder Zielstrebigkeit), können hinderlich werden, wenn sie sich extrem entwickeln (also zu übertriebenem Perfektionismus oder Rastlosigkeit führen). Bei einer 80%igen Ausprägung dieser Eigenschaften zu bleiben ist gesünder für uns und auch in Beziehung zu anderen meist wirkungsvoller und die Gemeinschaft stärkender.

Etwas nicht bestimmen, steuern oder verantworten zu müssen, hat auch einen besonderen Reiz: Wie auch immer man es nennen möchte, Schicksal oder Gottes Wille, wir alle kennen Situationen, in denen wir froh waren, dass wir nicht alles selbst steuern konnten und mussten. Viele Mütter und immer mehr auch Väter, vor allem die, die ihren Beruf lieben und gar nicht wissen, wie das gehen soll mit einem Kind, freuen sich, wenn der Zufall mitentscheidet, wann sie Eltern werden. Hätte man immer alles unter Kontrolle, hätte es diesen wunderbaren Menschen womöglich nicht gegeben, der da zu mir oder zu uns gekommen ist. Wir merken, dass wir uns ein Stück, trotz vieler Sicherheiten, auf den Zauber des Zufalls einlassen können. Und dass unser Einlassen manchmal wunderbar belohnt wird durch einen neuen Menschen, der in unser Leben tritt. Wir müssen dafür loslassen, uns frei machen von Erwartungen an uns und an andere und spüren, wie das Leben etwas an uns heranträgt.

3.2 Das Große und Ganze – Gesellschaft und Verantwortung Soziologische Aspekte

Jeder ist für alles vor allen verantwortlich.

Fjodor M. Dostojewski (1821–1881), russischer Schriftsteller

Die menschliche Gesellschaft ist ohne das Teilen und Abgeben von Verantwortung nicht denkbar. Von den Jäger- und Sammlergemeinschaften über die erstmals sesshaften Agrarkulturen hat sich die menschliche Gesellschaft immer mehr differenziert. Wir teilen uns, insbesondere in den Industriegesellschaften, zum Beispiel auf verschiedene Berufe auf, in denen jeder sein Talent nach Möglichkeit gewinnbringend und verantwortungsvoll in ein produktives Miteinander einbringt. Jeder spezialisiert sich zum Wohl von anderen auf eine oder mehrere Tätigkeiten. Erst dadurch, dass wir nicht mehr jeder für unseren kleinen Hof verantwortlich sind, sind wir in der Lage, Besonderes zu erschaffen, wie z. B. große Bauwerke, spezialisierte Maschinen oder einen funktionierenden Wissenschaftsbetrieb. So sind Handwerke entstanden, später Industrie und zuletzt die Informationstechnologie.

Ich will ein Beispiel für das Abgeben/Teilen herausgreifen, das in allen Kulturen und Gesellschaften existiert, immer existiert hat und jeden von uns betrifft: die Übergabe von Verantwortung von einer Generation an die nächste.

Wir alle haben Phasen in unserem Leben, in denen wir quasi natürlicherweise mehr oder weniger Verantwortung tragen können und müssen. Als Säuglinge können wir nur für ein paar wenige Dinge verantwortlich sein, wie schlafen oder trinken, alles andere liegt hier in der Hand der Erziehungspersonen, also meist der Eltern. Beim Heranwachsen ihrer Kinder müssen Eltern ihren Jugendlichen mehr und mehr Verantwortung zuteilen. Für ihr eigenes Leben und Stück für Stück auch für ihre Umgebung. Stockt dieser Prozess, weil Eltern Verantwortung nicht teilen können und beispielsweise aus einer Angst heraus Kinder und Jugendliche nichts ausprobieren lassen, werden die Kinder nicht nur unselbständig. Auch das Selbstbewusstsein der Kinder leidet, das Gefühl, selbst etwas bewirken zu können, bleibt unterentwickelt.

Auf der anderen Seite kann man erleben, wie Jugendliche und auch schon Kinder aufblühen, wenn man ihnen das rechte Maß an Verantwortung überträgt. Das scheint heutzutage gar nicht so einfach zu sein! Die Spielräume für Kinder sind schon im Kindergarten viel kleiner geworden: Gingen Kinder in den Siebzigerjahren noch überwiegend allein in den Kindergarten, so ist es mittlerweile üblich, dass noch Grundschüler von Eltern begleitet oder sogar im Auto zur Schule gebracht werden. 1970 gingen über 90 % der Erstklässler allein zur Schule, 2000 waren es nur noch 17 %, Tendenz abnehmend. Jedes vierte Kind wurde 2012 laut einer Forsa-Umfrage mit dem Auto zur Schule gebracht. Der Bewegungsradius von Kindern (und damit auch der Freiraum, sich auszuprobieren und zu lernen, mehr und mehr Verantwortung für sich zu übernehmen) ist seit den Sechzigerjahren massiv geschrumpft. Betrug er damals im Schnitt noch mehrere Kilometer, so sind es heutzutage gerade einmal 500 Meter. Im Vereinigten Königreich sank er von den Sechziger- bis zum Ende der Neunzigerjahre um 90 %. Eltern, die ihre Kinder mittels Ortungssystemen überwachen, in der weiterführenden Schule und teilweise sogar noch an der Universität Arbeiten für sie erledigen und sie vor jeder noch so kleinen Herausforderung in Schutz nehmen, sind keine Seltenheit mehr.

Auch im Leben eines Jugendlichen gibt es weniger Möglichkeiten, Verantwortung von den Eltern zu übernehmen: Nur noch selten lernt ein Jugendlicher seinen Beruf im elterlichen Betrieb, wie es früher in der Agrargesellschaft gang und gäbe war. Viele Tätigkeiten sind hoch spezialisiert und können erst nach vielen Jahren Ausbildung und Erfahrung selbständig ausgeübt werden. Es gibt immer weniger Raum, in dem Jugendliche durch ihre Fähigkeiten (Lust auf Neues, ausprobieren und Konventionen brechen) experimentieren und etwas aus eigener Kraft selbst gestalten können.

Dieses Vakuum machen sich sogar Unternehmen zunutze. Es gibt Geschäftsmodelle, die Eltern diese Aufgabe (Verantwortung an Jugendliche abgeben) abnehmen. Zum Beispiel eine Reihe von Veranstalter mehrmonatiger Segeltörns, auf denen Jugendliche (mit Unterstützung eines Trainerteams) das Schiff gemeinsam managen. Diese haben großen Zulauf.

Für Kinder und Jugendliche wäre ein kontinuierliches, auf ihre Persönlichkeit abgestimmtes Ablösen hilfreicher. Aushalten können, dass es nicht immer hundertprozentig sicher ist, gehört zum Leben dazu. Wenn wir mit einem Sicherheitsnetz das Balancier-Seil ausprobieren dürfen, können wir viel über Balance in unserem Leben lernen. Im Sport trainieren wir mit speziellen Übungen unseren Gleichgewichtssinn und unsere Tiefensensibilität und sind so besser vor Stürzen und Verletzungen geschützt. Ohne Training dieser Vorgänge klappt es nicht, und wir können uns im Ernstfall weniger auf unsere Sinne verlassen. So sollte auch ein Jugendlicher seine Autonomie möglichst oft in wachsender Schwierigkeit trainieren.

In diesem Zusammenhang ist ein Phänomen erwähnenswert, das Kinder zum Entdecken ihrer Welt antreibt: die »Lustangst«. Lustangst bedeutet, dass Kinder fast von Geburt an, besonders aber, sobald sie sich selbst fortbewegen können, beim Erkunden meist zwei Empfindungen gleichzeitig haben: Lust, etwas Neues zu entdecken, und Angst, weil es eben etwas Neues ist. Wie ein Entdecker, der unbedingt den neuen Seeweg nach Indien finden will, aber weiß, dass das gefährlich sein kann. Die Lustangst ist ein wichtiger Motor, der von den Erziehungspersonen ausgehalten und unterstützt werden muss. Sie müssen selbst in der Lage sein auszuhalten, dass ihr Kleinkind mal von der Schaukel fällt oder an einer zu großen Stufe scheitert. Damit das Kind seine Kräfte und Geschicklichkeit erfahren und einschätzen lernt und beim nächsten Mal seine Grenzen besser kennt und etwas anders versucht. Wenn Eltern selbst zu viele Sorgen haben (weil beispielsweise sie oder ein naher Angehöriger krank sind oder sie einen Verlust zu verarbeiten haben), kann es passieren, dass sie selbst unsicher sind und ihre Unsicherheit auf das Kind übertragen. Unter diesen Umständen kann die Lustangst nicht ausreichend zum Tragen kommen. Und das Vertrauen in sich selbst leidet. So trauen sich viele meiner Patienten auch im späteren Erwachsenenleben oft vieles nicht zu – obwohl sie aufgrund ihres Alters und ihrer Lebenserfahrung zum Beispiel reisen oder ein neues Hobby ausprobieren könnten.

Wenn Eltern nicht lockerlassen können, weil sie selbst schwierige Erfahrungen gemacht haben oder einen Beruf ausüben, in dem man immer übergenau sein muss, tun sie sich schwer damit, wirklich Vertrauen in ihre Kinder zu haben. Wenn dann Kinder zu Jugendlichen werden, wird es kritisch. So berichtete mir der Leiter eines Jugendmalkurses von einer Situation, in der er fast sein ehrenamtliches Engagement beendet hätte: Eine 14-jährige Teilnehmerin hatte im Kurs sehr gute Bilder gemalt und durfte diese bei einer Ausstellung präsentieren. Er fragte die Teilnehmerin, ob sie etwas dagegen hätte, wenn er und die anderen TeilnehmerInnen zur Vernissage kämen. Es war (selbstverständlich) als Wertschätzung und Unterstützung des Mädchens gedacht. Mehrere Male stimmte sie zu. Wenige Tage vor der (öffentlichen) Vernissage erhielt der Leiter eine Mail von der Mutter: Die Gruppe solle sich unterstehen, zu der Veranstaltung zu kommen. Der Leiter habe zu *wissen*, wann ein »Ja« bei ihrer Tochter eigentlich »Nein« bedeute! Er sei schließlich der »Manager« und müsse das erahnen. Statt ihrem Kind beizubringen, Nein zu sagen, wenn sie etwas nicht wollte, machte sie den Leiter des Malkurses dafür verantwortlich, der die Jugendliche höchstens zweimal im Monat sah.

Darauf zu schauen, dass Verantwortung weder völlig abgeschirmt noch im Übermaß übergeben wird, sodass es den jungen Menschen überlastet, ist ein wichtiger Baustein für seelische Gesundheit und ein verlässliches Miteinander. So kann ein Kind groß werden und ein Gefühl dafür entwickeln, was es kann und was es verantworten kann, ohne sich zu überlasten. Verantwortung vertrauensvoll von einer Generation auf die nächste zu übergeben, ist damit ein wesentlicher Baustein, damit wir mit uns selbst und miteinander gut umgehen können.

Gesellschaftliche Erwartungen und Entwicklungen

Ist (zu) viel Verantwortung übernehmen ein typisch deutsches/westeuropäisches Muster? Wenn wir uns ein paar Zitate von bekannten Deutschen anschauen, dann kann man schon den Eindruck gewinnen, dass Verantwortung übernehmen hierzulande ziemlich hoch im Kurs steht. Schon Bismarck meinte:

> Die Scheu vor der Verantwortung ist eine Krankheit unserer Zeit.
>
> *Otto von Bismarck (1815–1898), preußisch-deutscher Staatsmann und 1. Reichskanzler*

Zum Thema Verantwortung äußern sich auch deutsche Philosophen. Nietzsche sah es folgendermaßen:

> Zeichen der Vornehmheit: Die eigene Verantwortlichkeit nicht abgeben, nicht teilen wollen.
>
> *Friedrich Nietzsche (1844–1900), deutscher Philosoph*

Viel Verantwortung zu tragen ist ein Ideal. Es ist sogar vornehm, Verantwortung nicht zu teilen. In der preußischen (Armee-)Gesellschaft wurden diese Prinzipien gelebt: streng hierarchische Strukturen, Befehl und Gehorsam als Pfeiler des Zusammenlebens. Der ›Obere‹ trägt die Verantwortung, der ›Untere‹ darf (und muss) nur ausführen. Einfach und für jeden nachvollziehbar, sowohl für die Verantwortungsträger als auch für die, denen Verantwortung abgenommen wird.

Aber nicht nur in Deutschland, auch in anderen europäischen Ländern ist Verantwortung ein hohes Gut. Auch die Briten haben vorgelegt:

Der Preis der Größe heißt Verantwortung.

Winston Churchill (1874–1965), zweimaliger britischer
Premierminister

Verantwortung ist also etwas Großes, erstrebenswert und bewunderns-
wert.

Ein Franzose war da schon etwas milder:

Mensch sein heißt verantwortlich sein.

Antoine de Saint-Exupéry (1900–1944), französischer Schriftsteller

Oder andersrum formuliert: Menschlichkeit ist Voraussetzung für
Verantwortung. Auch wenn wir Verantwortung tragen, dürfen die Ansprüche an uns selbst menschlich bleiben und müssen nicht über-
menschlich sein.

Für meine Klienten überwiegt klar der preußisch-nietzsche Duk-
tus. Sie schämen sich, wenn sie keine Verantwortung übernehmen; es
scheint nicht erlaubt, diese zu teilen.

Insbesondere in der Arbeitswelt ging der Trend lange Zeit in Richtung mehr Verantwortung für den Einzelnen. Angestellte sind heute
viel seltener lebenslang Beschäftigte, treue Mitarbeiter einer Firma. Viel
häufiger sind sie als Promoter ihrer selbst konstant damit beschäftigt,
ihre Erwerbsbiographie zu schreiben. Sozusagen wie ein Selbständiger
im Großunternehmen. Ich mache mein Ding – und schaue hauptsächlich auf mich und meine eigene Verantwortung und dass ich so viel
wie möglich an mich ziehe, ist der Tenor. In jüngster Zeit sind aber
vermehrt Strömungen zu beobachten, die die Verantwortung auf mehr
Schultern verteilen wollen. Neue Organisationsstrukturen haben Ein-
zug gehalten, allen voran das agile Management, über das ich weiter
unten noch ausführlicher berichte. Hierbei wird Verantwortung von
Führungskräften auf Mitarbeiter umverteilt. Die Erwartungen an jeden
Einzelnen sind aber auch in dieser Struktur hoch.

Neue Medien versprachen zunächst eine große Umverteilung von Wissen und eine vor 20 Jahren noch unvorstellbare Verfügbarkeit von Informationen. Der Umgang mit den zur Verfügung gestellten Daten bleibt aber zunehmend in der Hand mächtiger Konzerne mit ihren Experten, die Daten immer geschickter und umfangreicher auswerten können. Dies ging zuletzt so weit, dass sogar der eher für Rentabilität bekannte Konzern Microsoft die US-Regierung bat, den Umgang mit Daten vonseiten des Gesetzgebers streng zu regulieren. Im Alltag sieht es so aus, als wüssten die meisten Benutzer nicht wirklich, in welchem Maß sie die Verantwortung für ihre Daten übernehmen oder abgeben, geschweige denn, wie sie wieder Macht über diese Mechanismen gewinnen können.

Nationalistische Strömungen kann man als eine Tendenz sehen, Verantwortung wieder an den »starken Mann« (sehr selten eine »starke Frau«) abzugeben. Gepaart ist dies oft mit einem Hang zum Isolationismus, in dem scheinbar Verantwortung nur noch für die eigene Gruppe übernommen werden soll – ein Ding der Unmöglichkeit, in einer interdependenten, globalisierten Welt.

Statt Vertrauen auszubauen wird Misstrauen geschürt. Und Vertrauen, in sich und andere, ist unabdingbare Voraussetzung dafür, dass wir Verantwortung mit Gewinn teilen können. In der Rechtsprechung haben wir noch nicht amerikanische Verhältnisse, aber es bewegt sich seit Jahren in diese Richtung: Wenn in einer Gebrauchsanweisung nicht minutiös jedes Risiko aufgeführt ist, macht sich der Hersteller anklagbar. Also fügen wir nahezu jedem menschlichen Kontakt ein Einwilligungsschreiben hinzu. Mittlerweile wurde sogar, nachdem die schwedische Rechtsprechung mehr Zustimmung vor sexuellen Beziehungen eingefordert hatte, eine App entwickelt, in der die Beteiligten einer sexuellen Handlung vorher ihr Einverständnis eingeben können.

Wenn Verantwortung nicht mehr auf Vertrauen aufbaut, sondern auf juristisch nachweisbarer Schuld, dann klafft die Gesellschaft zudem immer mehr auseinander. Nur noch die, die Geld und Zeit haben oder Anwälte bezahlen können, können sich Verantwortung »leisten«.

So ist in Deutschland aufgrund massiv gestiegener Versicherungsprämien die Anzahl freiberuflicher Hebammen in der Geburtshilfe deutlich zurückgegangen. Manche Vereine nehmen keine neuen Mitglieder auf, die Einwilligungen zur Foto-Verwendung ablehnen, da sie sich vor Regressansprüchen fürchten, wenn einer der vielen ehrenamtlich Tätigen versehentlich ein Bild falsch verwenden sollte.

Eine weitere interessante Fragestellung ist, ob es im Hinblick auf Verantwortung auch unterschiedliche Erwartungen an Frauen und Männer, verschiedene Bevölkerungs- und Altersgruppen gibt. Als Beispiel sei das – seit Jahrzehnten regelmäßig wieder empörende – Thema sexuelle Belästigung genannt. Verantwortung ist hier ein zentraler Punkt. Sowohl die Verantwortung der Täter (wo ist die Grenze, wie fördert Macht Grenzüberschreitungen) als auch die vermeintliche Verantwortung der Opfer (welche Reize wurden ausgesendet, wie klar wurde Nein gesagt, welche Situationen wurden gestattet). Eigentlich geht es in allen Bereichen des Eros aber um geteilte Verantwortung, also um den gemeinsamen, respektvollen Umgang mit einer Situation, in der alle Beteiligten profitieren, wachsen und glücklich werden können. Vertrauen und Liebe sind die eigentlichen Bausteine einer liebevollen Beziehung, in der auch unfertige, kreative und ungeplante Dinge geschehen können – und nicht zuletzt manchmal dazu führen, dass aus diesem Eros ein neuer Mensch, eine neue Familie und Gemeinschaft entsteht. Stattdessen entsteht aus der Debatte leider immer noch gelegentlich die Forderung nach Trennung statt Gemeinsamkeit. Absurdes Beispiel: ein führender US-amerikanischer Politiker, der sich nicht mehr mit einer Frau allein in einem Zimmer aufhalten möchte (ausgenommen seine Ehefrau). Statt selbst Verantwortung zu übernehmen, soll eine übermächtige Regel die Verantwortung tragen und vermeintlich Opfer und Täter schützen.

3.3 Wir alle übernehmen Verantwortung – Lasten teilen in der Gruppe
Gruppendynamische Aspekte

Wenn zwei verantwortlich sind, ist keiner verantwortlich.

Aus Portugal

Was passiert, wenn wir von der Gesellschaft und ihrem grundsätzlichen Umgang mit Verantwortung auf eine kleinere Ebene schauen? Bei kleinen oder mittelgroßen Gruppen (wie einer Familie oder einem Team) kann man beobachten, dass sich innerhalb kürzester Zeit Rollen ausbilden, zum Teil bewusst, größtenteils aber unbewusst. Für die Übernahme von Verantwortung bedeutet dies, dass dem Einzelnen, je nach Rolle, unterschiedliche Verantwortungsmengen zugedacht sind. Die Rollen-Zuordnung hängt dabei stark von der jeweiligen Zusammensetzung einer Gruppe ab. Beispielsweise wird zu Beginn eines Gruppenprozesses oft einem der älteren Mitglieder (unabhängig von seiner Persönlichkeit) eine führende, verantwortungsvollere Rolle von den anderen Gruppenmitgliedern zugedacht. Außerdem ringen in einem Gruppenprozess stets individualisierende (= sich als Individuum behauptende) und kohärente (= den Zusammenhalt in der Gruppe fördernde) Kräfte miteinander. Hier kommt es ebenfalls zur Übernahme von Verantwortung: Jeder Einzelne übernimmt Verantwortung dafür, dass er nicht zu viel von sich preisgibt. Und jeder Teilnehmer kann durch Engagement (zum Beispiel den Vorschlag, eine Kennenlernübung zu machen) zum Verantwortlichen für den Zusammenhalt der Gruppe werden.

In Gruppen, denen eine Leitung fehlt, entwickeln sich innerhalb kürzester Zeit Verantwortungs-Zuschreibungen (an die älteste Teilnehmerin, den Teilnehmer, der am meisten redet oder physisch bzw. in seinem Ausdruck die imposanteste Erscheinung ist).

Verantwortung ist also etwas, was wir uns nicht unbedingt gezielt suchen, sondern was uns auch aufgrund einer einzigartigen Gruppen- (bzw. Familien-)Konstellation zugeschrieben wird. Was manchmal einfach entsteht, ohne dass überhaupt jemand bewusst etwas *macht*. Wichtig dabei ist, dass es ganz wesentlich auf die zufällig oder schicksalhaft oder manchmal auch gewollt entstandene Gruppe ankommt, an wen in welchem Maß Verantwortung übergeben wird.

Stellen wir uns drei verschiedene Varianten einer Arbeitsgruppe in einem Betrieb vor: Ein Teilnehmer ist jeweils der 40-jährige Kaufmann Maximilian Dengler, der seit 15 Jahren im Controlling der Firma arbeitet. Ist die Gruppe in der ersten Variante so gestaltet, dass außer ihm hauptsächlich ältere, erfahrenere Mitarbeiter dazugehören, so wird ihm vermutlich im Gruppenprozess eher weniger Verantwortung übertragen. Das kann für ihn Entlastung bedeuten, über die er sich freut, oder er kann es als Bevormundung empfinden. Die zweite Gruppenkonstellation wäre so, dass er einer der ältesten, erfahrensten Mitarbeiter ist. Auch wenn es ums gleiche Thema geht, wird ihm nun vermutlich sehr viel mehr Verantwortung angetragen. Die dritte Möglichkeit wäre eine Gruppe, in der außer Maximilian nur Betriebsfremde sitzen. Er hätte hier, viel mehr als in allen anderen Varianten, die Verantwortung, für sein Unternehmen zu sprechen, egal, wie alt oder jung die anderen Teilnehmer sind. Es gäbe noch viele weitere erdenkliche Gruppenkonstellationen, in denen Herr Dengler, abhängig von der Zusammensetzung der Teilnehmer, eine andere Stellung (Rolle) und Verantwortung hätte.

Wir haben also je nach Gruppe, in der wir agieren, ganz verschiedene Rollen. Das scheint erst mal normal und alltäglich. Zum Problem kann es werden, wenn wir uns nicht bewusst sind, in welcher Rolle wir gerade sind, oder wenn wir glauben, immer, in jeder Konstellation, verantwortlich sein zu *müssen*.

Der uns bekannteste und konstanteste Gruppen-Rahmen ist in den ersten Lebensjahren die Familie, in der wir aufwachsen. Ab der Geburt sind wir es dort gewohnt, Rollen einzunehmen (der Älteste, das Nesthäkchen, die Lustige, ...). Aus dem oben Beschriebenen wird schnell klar, dass sich, je nach Zusammensetzung der Familienmitglieder, ganz verschiedene Rollen für den Einzelnen ergeben. So kann zum Beispiel einem Erstgeborenen am Anfang seines Lebens viel abgenommen werden (er ist ja zunächst das jüngste und schwächste Mitglied der Familie). Mit der Geburt eines jüngeren Geschwisters ändert sich die Rolle schlagartig: Nun ist der kleine Bruder der Jüngste und Schwächste und nimmt die bisher eigene Rolle ein. Dem »Großen« wird mehr zugetraut, er soll auf das Brüderchen oder Schwesterchen aufpassen, muss schon mehr Regeln befolgen etc. Besonders einschneidend sind solche Geschwisterkonstellationen, wenn ein behindertes Kind oder ein Kind mit einer schweren Krankheit zur Welt kommt. Das Ausmaß, in dem die Älteren zurückstecken müssen, ist um vieles größer. Außerdem ändert sich in diesem Fall die Rolle zeitlebens nur wenig. Ein jüngeres Geschwister wird ja irgendwann genauso erwachsen wie man selbst. Der Behinderte aber bleibt behindert und dadurch lebenslang schutz- und hilfsbedürftig. In Kapitel 2 haben wir dazu Beispiele gesehen.

4. Warum Verantwortung so ungleich verteilt ist

Oft berichten meine Patienten von Situationen, in denen sie sich quasi »gezwungen« sahen, Verantwortung zu übernehmen. Es habe sich mal wieder kein anderer gemeldet. Das Thema, um das es ging, habe man ja schon oft (fast) nebenbei erledigt. Alle hätten »gleich zu mir geschaut«. Bei der Führungskräfteberatung in Unternehmen höre ich Klagen von Team- oder Abteilungsleitern, aber auch von Mitarbeitern ohne offizielle Führungsverantwortung, dass sie die Verantwortung »ja übernehmen müssen, es macht ja sonst keiner«! Sie fühlen, dass Verantwortung im Raum schwebt, die irgendwie keiner ergreift. Sie fühlen sich dann in ihrer Rolle als Führungskraft oder in ihrer Persönlichkeit stark angesprochen, zuzugreifen. Viele schildern dieses »Zugreifen müssen« als großen Drang, dem sie nicht oder nur sehr schwer widerstehen können. Ihr Unterbewusstsein und manchmal auch ihr Körper meldet ihnen, dass sie handeln *müssen*. Als würde etwas Schlimmes passieren, wenn sie sich nicht in den Ring werfen und anpacken.

Doch ist das immer nötig? Ist es überhaupt wirksam und sinnvoll, wenn ein Einzelner sich so in der Verantwortung sieht?

Auf dem Münchner Oktoberfest gibt es eine, vor allem den Einheimischen bekannte, Institution: Das Teufelsrad. Eine ganz einfache Idee, die seit über 100 Jahren erfolgreich ist. Das Fahrgeschäft funktioniert ganz simpel: In der Mitte des Zeltes dreht sich langsam eine einfache Drehscheibe, auf der eine Gruppe von Menschen sitzt (die für jede neue Runde vom Ausrufer bestimmt wird, also zum Beispiel junge Burschen, Dirndl-Trägerinnen, Senioren …). Die Scheibe dreht sich mit der Zeit immer schneller, und nach und nach rutschen alle, die sich nicht mehr halten können, durch die Fliehkraft nach außen und fallen der Reihe nach herunter. Nur wer ganz in der Mitte sitzt und sich dort stabilisieren kann, hat Chancen, eine Weile durchzuhalten. Am Schluss kommt der große Medizinball von der Decke und kickt Stück für Stück die verbliebenen Herrschaften vom Rad. Am längsten hält man durch, wenn man zunächst als Gruppe eine Weile das Treiben beobachtet, dann zusammen aufs Rad steigt und sich gegenseitig festhält. Dann braucht es schon einen gehörigen Schuss vom Medizinball, um auch noch den Letzten herunterzukicken.

Unter normalen Umständen gibt es viele, die, ohne lange zu überlegen, mitfahren und dann schnell am Rand sitzen und sich relativ widerstandslos ›rausrutschen‹ lassen. Das sind entweder die weniger Kräftigen, die mit den schlechteren Plätzen oder die, die kein großes Interesse und kein Engagement zeigen, sich festzuhalten. Ein paar wenige sind in der Mitte. Sie halten sich, so fest es geht. Und je schneller sich das Rad dreht, umso schwerer und mühsamer wird es. Statt sich in Ruhe eine Strategie zu überlegen, wie man gemeinsam besser zum Ziel kommen könnte, reagieren sie eher instinktiv mit Festhalten. Dabei würde man zusammen, mit gebündelten Kräften, das Ziel besser erreichen.

Mit der Verantwortung scheint es sich heutzutage ähnlich zu verhalten wie mit dem Teufelsrad. Viele scheinen eher am Rand zu sitzen, keinen großen Ehrgeiz zu haben und keine großen Gedanken und Kräfte zu mobilisieren. Und einige wenige krallen sich fest und überfordern sich damit. Warum ist Verantwortung so ungleich verteilt?

4.1 »Lauter Faulpelze!« Die Generation Y

In Unternehmen, die ich berate, höre ich vor allem vom oberen Management oft, dass die jungen Kollegen »ja gar nicht mehr wissen, was Arbeit ist«. Da wird vor dem ersten Arbeitstag nach Work-Life-Balance, flexiblen Arbeitszeiten und Homeoffice gefragt. Schon im ersten Gespräch sei zu spüren, dass die Bewerber keine Lust auf Karriere, Leistung und Verantwortung hätten.

Laut einer Studie im Auftrag von American Express denkt fast die

Hälfte der befragten Manager, dass Mitarbeiter der Generation Y (in etwa die Geburtsjahrgänge 1980 bis 2000) leicht ablenkbar sind, eine schlechte Arbeitsmoral haben und übermäßige Ansprüche stellen. Sie wollen »alles haben und wenig dafür tun«. Wie viel davon die seit Menschengedenken bekannte Formel »früher war alles (waren wir) besser« ist, ist schwer zu bestimmen. Objektivierbar sind aber Fakten wie der höhere Stellenwert von Freizeit und Familie und das abnehmende Interesse an Statussymbolen wie Dienstwagen und Co. Da hat sich in den letzten 20 Jahren viel verändert.

Was die Verantwortungslosigkeit der Generation Y mit der Verantwortung früherer Generationen zu tun hat

Warum machen die Jungen es so anders? »Verwöhntes Pack« könnte man meinen oder auch den in vielen Branchen drohenden und in manchen schon bestehenden Fachkräftemangel als Grund nennen. Der macht es Bewerbern leicht, am Arbeitsmarkt Forderungen zu stellen, denn sie bekommen den Job auch, wenn sie sich nicht zu 120 % anbieten. Aber vermutlich kommt noch eines hinzu: Die Eltern der Generation Y sind mehr oder weniger die Generation Burn-out. Eine Generation also, in der sich viele bis an ihre Grenzen einbringen, die viel Verantwortung übernimmt (außer vielleicht für die eigene Gesundheit …) und sich damit häufig über ihr Limit und in die Überforderung manövriert. Die Jungen beobachten genau, wie viel ihre Eltern arbeiten, wie viele von ihnen erschöpft und ausgebrannt oder aufbrausend und unausgeglichen sind. Und ihr Verstand und Instinkt sagen ihnen: Das möchte ich anders machen. Ich will in erster Linie glücklich sein. Arbeiten, um zu leben, statt leben, um zu arbeiten. Sie haben aus dem Leben ihrer Eltern Lehren gezogen und wollen das Leben deshalb mehr genießen als diese. Zählten zur Jahrtausendwende erst wenige Fach- und Führungskräfte zum Typ »Work-Life-Balance«, sind es nun deutlich mehr. Dieser Arbeitstypus zeichnet sich dadurch aus, dass diese Menschen viel weniger durch materielle Anreize (Gehalt, Boni) und Statussymbole (Titel, Dienstwagen) zu erreichen bzw.

zu motivieren sind. Was diese Menschen von ihrer Arbeit wollen (und danach suchen sie nach Möglichkeit auch ihre Arbeitgeber aus), ist vor allem die Vereinbarkeit von Privatleben und Beruf, Entspannung und Life Balance stehen ganz oben auf der Liste. Sie suchen weniger Macht und Status, dafür mehr Freiheit durch flexible Arbeitszeiten und Homeoffice-Optionen.

Dumm sind sie nicht. Denn nach dem ersten Herzinfarkt oder einem psychischen Breakdown mit sechs Monaten Arbeitsunfähigkeit fragen sich viele der Generation Burn-out, warum sie so viel gerackert haben und ob nicht etwas auf der Strecke geblieben ist. Sie haben viel zu viel Verantwortung übernommen und sich selbst dadurch massiv überlastet. Und das beobachtet die Generation Y haarscharf. Sie will es anders machen, sich weniger aufarbeiten.

Das bringt eine vertrackte Situation mit sich: Nicht nur die älteren Berufstätigen, sondern auch die jüngeren, denen es Freude macht oder ein Bedürfnis ist, Verantwortung zu übernehmen, stehen nun isolierter da. Je mehr Mitglieder der Generation Y auf den Arbeitsmarkt kommen, die zum überwiegenden Teil weniger Lust auf Verantwortung und Überstunden hat, umso mehr bleibt an diesen Einzelnen hängen.

Nicht zuletzt deshalb entstehen in modernen Organisationen immer mehr Modelle, die versuchen, Verantwortung gerechter zu teilen. Wie das geht, sehen wir uns im folgenden Kapitel an.

5. Verantwortung teilen lernen

Wenn Sie nun lernen wollen, wie Sie ein Zuviel an Verantwortung abgeben oder teilen können, dann geht es in diesem Kapitel richtig los. Ein elementarer Bestandteil der Lösung ist zu erkennen, warum ich so funktioniere, wie ich bisher funktioniert habe. Verstehen, warum ich bislang in meinem Leben viel zu viel Verantwortung übernommen habe und nun überfordert bin. Das haben wir am Anfang des Buches getan.

Um Verantwortung wieder abgeben und teilen zu können und Überforderung abzubauen, müssen wir wissen, wie viel Verantwortung für uns passt und wie viel zu viel ist. Voraussetzung dafür ist, dass wir wissen, was unsere Bedürfnisse sind, was wir brauchen, um uns wohlzufühlen. Denn nur wenn wir uns einigermaßen wohlfühlen, können wir spüren, wie viel Verantwortung für uns passend ist.

Darum soll es im ersten Teil dieses Kapitels gehen. Anschließend schauen wir uns an, was genau die Lasten sind, die uns überfordern, und wie wir unsere inneren Antreiber, die uns dazu ›zwingen‹, an Verantwortung krampfhaft festzuhalten, bändigen können. Wir prüfen auch, ob und wie wir Verantwortung, die gar nicht unsere eigene ist, an frühere Generationen zurückgeben können.

Eine wichtige Voraussetzung, um Verantwortung teilen zu können, ist, in sich und andere zu vertrauen. Grundlage dafür ist, sich selbst und anderen Fehler und Schwächen vergeben zu können.

Wir beschäftigen uns außerdem damit, was uns helfen kann, einfach mal ein anderes Verhalten oder Denken auszuprobieren. Zum Schluss gehe ich noch auf die Möglichkeiten ein, wie man Verantwortung sinnvoll im Job teilen kann und wie wir dafür sorgen können, dass wir, wenn wir uns von zu viel Verantwortung befreit haben, nicht wieder damit belasten.

Es kann einiges an Arbeit bedeuten, Verantwortung abzugeben. Die

Veränderung kann zunächst schwierig und mühsam sein. Ich will Ihnen zeigen, dass man alles üben darf und muss, sich helfen lassen soll und kann. Ich wünsche Ihnen Spaß am Ausprobieren und Freude daran, weniger belastende Verantwortung zu tragen!

5.1 Wie viel Verantwortung ist gut für mich?

Um diese Frage zu beantworten, gehen wir einen Schritt zurück. Denn um zu verstehen, *wie viel* Verantwortung gut für mich ist, muss ich zunächst wissen, *was* überhaupt gut für mich ist. Viele meiner Patienten und Coachees, aber auch viele Teilnehmer meiner Seminare, haben dafür ein erstaunlich schlechtes Gespür. Sie haben nur wenig Gefühl für ihre Bedürfnisse, und manch einer kann die Frage, was er oder sie braucht, um sich wohlzufühlen, überhaupt nicht spontan beantworten. Manchmal muss ich hierfür die Beratung in einem Team unterbrechen, weil das Thema für manch einen zu schwer greifbar ist. Gelegentlich muss dann zunächst im Einzelcoaching geklärt werden, was die persönlichen Bedürfnisse eigentlich sind. Und auch im Einzelsetting ist es alles andere als einfach. Ich stelle die Frage nach eigenen Bedürfnissen daher in Coachings und Therapien oft erst spät oder nicht so explizit, da sie viele Patienten überfordert.

Schritt 1: Wie spüre ich Bedürfnisse auf?

In einer Gesellschaft, in der wir uns etliche Bedürfnisse tagtäglich relativ leicht befriedigen können (von Essen über Fortbewegung bis hin zu vielfältigen Unterhaltungsangeboten), erscheint es sonderbar, dass wir unsere Bedürfnisse nicht kennen sollten. Warum wissen wir so wenig über das, was wir doch scheinbar tagaus, tagein befriedigen? Eine Erklärung ist: Wenn wir über eine Vielzahl von Medien bombardiert werden, werden unsere eigenen Bedürfnisse ständig überlagert von Angeboten, die schreien: »Du brauchst uns!« So wie die letzten Meter vor der Supermarktkasse von Produkten gepflastert sind, die wir nur kaufen, weil wir Zeit haben, sie uns beim Warten an der Kasse anzusehen (und die wir sonst nie gekauft hätten). Ähnlich läuft es mit unseren psychischen und emotionalen Bedürfnissen, wenn uns zum Beispiel in Filmen, Serien und immer gefühlvoller angelegten Werbungen Emotionen angeboten werden. Auch im Job spielen Kommunikation und der Umgang mit Gefühlen in vielen Branchen und Funktionen eine immer größere Rolle. Die Anzahl der Jobs, in denen man auch emotionale Arbeit leistet (zum Beispiel die wachsende Anzahl von Dienstleistungsberufen und die Notwendigkeit, auch in technischen Berufen mehr im Team zusammenzuarbeiten), trägt dazu bei.

Firmen legen es zudem mit Angeboten für ihre Mitarbeiter immer mehr darauf an, dass wir emotional in unserer Arbeit involviert sind, dass Beruf und Privatleben verschmelzen. In vielen Firmen hat sich zum Beispiel das Duzen durchgesetzt, im offenen Campus werden vielfältige Dienstleistungen angeboten (vom gastronomischen Lieferdienst über den Frisör bis hin zum Wäscheservice), Büroräume sind locker und Lounge-artig eingerichtet, es gibt Kicker und Tischtennisplatten, und oft werden Getränke, manchmal sogar Essen, kostenlos angeboten. Damit Mitarbeiter sich wie zu Hause fühlen – und natürlich besonders gerne und lange arbeiten. Hier kann es passieren, dass wir eingelullt werden, um irgendwann womöglich nicht mehr unterscheiden zu können: Will ich das selbst (dass ich so gerne arbeite) oder will da etwas/jemand, dass ich etwas wollen soll?

Wenn wir dagegen wenig Reizen ausgesetzt sind, erleben wir eigene Bedürfnisse eher. Wenn das Smartphone ausgeschaltet ist, der Schreibtisch leer, die Augen geschlossen oder wir allein in der Natur sind, können wir uns besser wahrnehmen. Wir sehnen uns nach diesen Orten und Momenten der Ruhe. Man kann mittlerweile sogar Urlaube buchen, bei denen das Smartphone, zum Teil sogar der eigene Name, für viel Geld abgegeben werden darf. Auch in der psychotherapeutischen Praxis spielt die Reizreduktion eine Rolle. In der Psychoanalyse (das ist die Methode, bei der der Patient meist liegt) lässt die Therapeutin bewusst Gesprächspausen entstehen, in denen der Patient frei assoziieren, also seinen Gedanken freien Lauf lassen kann, ohne etwas ›Vernünftiges‹ sagen zu müssen, ohne etwas gefragt zu werden. Zudem sitzt der Therapeut am Kopfende, außerhalb des Blickfelds des Patienten, sodass man auch hier entbunden ist, dem anderen in die Augen zu schauen. Um zu erkennen, wie viel Verantwortung gut für mich ist, sollte ich daher unter besten Bedingungen (wenig Außenreize) in mich hineinspüren. So bin ich leichter in der Lage, meine ureigenen Bedürfnisse zu erkennen, die ansonsten von vielen Außenfaktoren sozusagen zugeschüttet sind. Überlegen Sie sich daher, wie Sie zu solch einer Reizabschirmung kommen könnten: Braucht es einen längeren Urlaub? Gibt es Momente im normalen Alltag, die Sie bewusster gestalten können? Brauchen Sie einen Sparringspartner aus dem Freundeskreis oder der Familie oder eine professionelle Gesprächspartnerin, die Ihnen dabei helfen kann? Könnte Ihnen ein altes, wiederentdecktes Hobby oder eine Leidenschaft helfen, sich wieder besser zu spüren?

Hier ein paar Beispiele:

- Ein Familienvater geht nach drei Jahren das erste Mal wieder alleine auf eine Hütte.
- Eine Dame im Ruhestand engagiert sich als Babysitterin.
- Eine Angestellte beginnt, wieder in die Natur zu gehen und zu wandern.
- Eine junge Mutter nimmt sich einmal pro Woche nach der Arbeit einen Babysitter, der die Kinder von der Kita abholt.
- Ein Vater entdeckt sein altes Hobby (basteln) wieder und nimmt sich dafür einmal pro Woche zwei Stunden Zeit.
- Eine Sozialarbeiterin, die viele Hobbys hatte und kaum mehr zur Ruhe kam, fährt ihre Aktivitäten zurück und behält nur das für sie am meisten entspannende Hobby, nämlich Singen.

> **Übung: Ort der Ruhe finden**
>
> Überlegen Sie, an welchem Ort, in welcher Umgebung, mit welchen Menschen Sie am besten zur Ruhe kommen, und schaffen Sie sich spätestens an Ihrem nächsten freien Tag eine vergleichbare Situation. Nehmen Sie einen Zettel oder ein Büchlein mit und notieren Sie Gedanken, die Ihnen während dieser Ruhepause durch den Kopf gehen.

Sie haben im ersten Schritt erfahren, wie Sie überhaupt an ein Gefühl für Ihre Bedürfnisse herankommen können. Im zweiten Schritt schauen wir uns an, wie man eine Auswahl treffen kann, *was* gut oder das Beste für mich sein könnte. Im letzten Schritt folgt dann die Überlegung, wie man das rechte Maß an Verantwortung bzw. Belastung finden kann.

Schritt 2: Wie merke ich, *was* gut für mich ist?

»Tobias Neuer, Manager in einer Softwarefirma, hat sich ein Sabbatical genommen. Er glaubt, die Firma nicht mehr entscheidend voranzubringen. Von den letzten Angeboten, die er herausgeschickt hat, waren nur »gefühlte 10 %« erfolgreich. Er hat keine Energie mehr und schleppt sich seit Monaten nur noch mühsam ins Büro. Außerdem leidet er seit Wochen an starken Hüftschmerzen, die auch mit intensiver Physiotherapie und Massagen nicht besser werden. Er kann sich nicht erklären, warum er sich so matt und schwach fühlt. Es war doch alles ganz normal!«

Was Herr Neuer zunächst nicht wahrnimmt: Die Belastungen der letzten Jahre waren enorm. Nur er denkt, dass »alles wie immer« lief. Dies ist ein häufiges Phänomen bei Menschen, die zu viel Verantwortung übernehmen,

Dabei hat Herr Neuer vor einem Jahr einen seiner besten Freunde durch einen Verkehrsunfall verloren, zeitgleich baute er ein Haus »mit allen Schikanen«, und keiner seiner vier Söhne ist älter als zehn Jahre alt. Ganz nebenbei leitet er noch eine Abteilung mit über 20 Mitarbeitern. Ebenfalls vor einem Jahr hatte sich sein Chef eine folgenreiche Dummheit geleistet. Er hatte eine Affäre mit seiner Sekretärin und hat dabei Interna aus Tobias' Abteilung ausgeplaudert. Eine Katastrophe. Herr Neuer musste mit viel Geld (die Verluste gingen komplett auf sein Budget), zeitlichem Einsatz (diverse Gespräche mit Kollegen, um die bei der Stange zu halten, deren Arbeit durch den Vorfall Schaden genommen hatte) und großem persönlichen Einsatz die Katastrophe verhindern. Er war eigentlich stinksauer auf seinen Chef, hatte aber alle Hände voll zu tun, denn er wollte die Abteilung retten und durfte es sich mit seinem Vorgesetzten trotzdem nicht verscherzen. Er hat sich ihn letztendlich nur ein einziges Mal, quasi im Vorbeigehen, zur Brust genommen. Das lief äußerst milde ab. Im Prinzip fragte Herr Neuer nur, warum er das getan habe. Seine Wut und Entschlossenheit, dass so etwas nie wieder passieren dürfe, behielt er für sich.

»Ohne dass es ihm bewusst ist, hat er aber weiter an dem Vertrauensverlust zu knabbern. Er merkt, wie er immer gereizter, müder und lustloser wird. Wie sein Selbstbewusstsein abnimmt und er sich in Anwesenheit des Chefs nicht mehr hundertprozentig wohlfühlt. Er hat selbst keine Erklärung dafür, sucht die Verantwortung bei sich. Das Nicht-vertrauen-Können und Auf-der-Hut-sein-Müssen, ob vielleicht wieder etwas passieren könne, hat sich als schwere Last auf seine Schultern gelegt. Nun fühlt sich Herr Neuer verantwortlich dafür, dass es der Abteilung nicht gut geht, er hat den Eindruck, keinen Beitrag mehr zu leisten.

Nachdem er einige Wochen zur Ruhe gekommen ist, schaut sich Tobias die Zahlen genauer an: Es sind nicht nur die gefühlten 10 %, sondern deutlich mehr seiner Angebote zum Zuge gekommen. Auch die sonstigen Projekte, die der Abteilung Geld bringen, sind zu einem großen Teil, zu fast zwei Dritteln, auf seinem »Mist« gewachsen. Das Gefühl, für Verluste und Versagen verantwortlich zu sein, ist also in keiner Weise durch Fakten belegbar – im Gegenteil, er ist immer noch mit Abstand für den meisten Erfolg zuständig.

Inzwischen ist es zu einem erneuten Vorfall gekommen: Obwohl klar ausgemacht ist, dass strategische Themen in jedem Fall zuerst unter den Abteilungsleitern besprochen werden sollen, hat ein Kollege Interna ohne Rücksprache mit ihm mit einem Kunden geteilt. Jetzt merkt Herr Neuer, wie seine Wut über diesen (erneuten) Vertrauensbruch in ihm hochkocht. Er ermutigt sich, diesmal Tacheles zu reden. Ganz offensichtlich hat er gemerkt, wie ernst es ihm ist!

Als nächster Schritt ist es wichtig, bald einen Termin zu vereinbaren, damit er seine Wut nicht wieder vergisst und es auf die lange Bank schiebt. Um sich die ungewohnte Situation (»Ich zeige meinen Ärger und fordere etwas ein«) so einfach wie möglich zu gestalten, will Tobias eine angenehme Gesprächssituation zu einem geeigneten Zeitpunkt schaffen. Er will gleich loslegen und bittet den Kollegen am nächsten Tag um ein Treffen in einem Café, in dem er sich wohlfühlt. Er schreibt sich die ersten fünf Sätze auf und übt, den richtigen Tonfall zu treffen, klar und deutlich zu formulieren und unmissverständliche Worte zu wählen. Das hilft ihm, innerlich ruhig zu bleiben. Das Gespräch wird die erste von mehreren Unterhaltungen mit Kollegen und seinem Vorgesetzten, in denen er nach und nach seine Position klarstellt und sich das gegenseitige Vertrauen wieder aufbauen kann.«

Herr Neuer hat gemerkt, dass es ihm wichtig ist, vertrauen zu können. Er hat gemerkt, dass die Selbstzweifel, die Müdigkeit und Unzufriedenheit Folge der Überlastung auf zu vielen Baustellen, vor allem aber Folge des Vertrauensbruchs waren. Er hat genau an diesem Punkt angesetzt, um sich wieder selbstbewusster, frischer und zufriedener zu fühlen.

Im organisatorischen Kontext spricht man auch von Anerkennungs-Defizit. Bei vielen Menschen führt solch ein Defizit schnell dazu, dass sie sich denken: Was soll das hier, ich bekomme weder Anerkennung noch Wertschätzung und fühle mich überhaupt nicht wohl – also weg, so schnell es geht! Menschen, die schon früh in ihrem Leben zu viel Verantwortung haben übernehmen müssen, haben hier ein weniger gut ausgeprägtes Sensorium. Sie merken gar nicht, dass etwas nicht stimmt – weil sie es von Kind auf so gewöhnt sind. Sie verbleiben deshalb unbewusst in Situationen, die wenig wertschätzend sind. Übernehmen Verantwortung, ohne dafür Anerkennung zu bekommen. Und je länger diese Situationen andauern, umso weniger merken sie es bewusst. Sie spüren schon, dass etwas unangenehm, belastend ist. Sie denken aber meist, dass sie die Situation durch Mehrarbeit, größere Anstrengung und Fleiß bessern können und müssen. Und bleiben damit in einem Teufelskreis gefangen.

»Daniela Norten arbeitet seit vier Jahren als Assistentin am Lehrstuhl für Biologie. Sie hat vor Kurzem geheiratet (allein die Vorbereitungen für die Hochzeit dauerten über ein Jahr). Seit sie mit ihrem Mann zusammenlebt, macht sie den Löwenanteil im Haushalt. Für sie kein Problem, sie packt gerne an. Doch plötzlich wird ihr alles zu viel. Sie ist erschöpft und sehr unzufrieden mit sich, weil sie »ihr Pensum« kaum mehr schafft. Dabei ist es doch gar nichts Großes, was sie macht! Erst als ich Daniela bitte, eine Aufstellung ihrer Tätigkeiten zu machen, wird ihr klar, wie viel sie stemmt. Jede Woche berichtet sie über weitere Projekte, die sie in den letzten Jahren sukzessive am Lehrstuhl angeboten hat. Die Liste wird schier endlos. Als sie dann noch eine Mail ihres Professors mitbringt, in der dieser in knappen Worten, ohne Bitte und Danke, gespickt mit Sticheleien und Vorwürfen, sie auffordert, noch »schleunigst« ein weiteres umfangreiches Projekt zu übernehmen, bin ich fast sprachlos. Daniela meint, das sei mit Abstand die netteste Mail gewesen, die sie je von ihm bekommen habe.

Erst jetzt wird Daniela bewusst, dass nicht sie ungenügend ist, sondern die Wertschätzung ihres Vorgesetzten. Dass sie schleunigst das Weite suchen muss – wie schon etliche Assistenten vor ihr. Sie schafft es, sich für eine andere Stelle zu bewerben, und kann endlich aufatmen.«

Eigene Bedürfnisse erkennen

»Maschinenbauer Philipp Leutner hat zusammen mit einem Freund aus Studienzeiten eine Firma für Spezialwerkzeuge aufgebaut. Die Entwicklung von einem Drei-Mann-Start-up bis zu einem 80-Mitarbeiter-Unternehmen in 15 Jahren ist spannend und erfüllend gewesen. In den letzten Jahren fühlt er sich aber zunehmend uninspiriert, zieht sich immer mehr aus dem Geschäft heraus. Als eine große, versehentliche Fehlbuchung die Firma fast ruiniert, springt er wieder voll in die Verantwortung und steckt viel Energie in den Umbau der Firma und die Entwicklung eines neuen zukunftsfähigen Konzepts. Trotzdem merkt er, dass ihn die Situation enorm belastet. Weder im Büro noch zu Hause hat er das Gefühl, zu sich zu kommen. Als er bei einem Netzwerkabend mit anderen Unternehmern von einem Freund angesprochen wird, was denn *seine* Bedürfnisse bei dem Ganzen seien, verfällt er ins Grübeln. Er hat überhaupt keine Vorstellung davon, was er wirklich braucht.«

So geht es vielen meiner Klienten. Sie haben wenig Ahnung, was ihre eigenen Bedürfnisse sind. Wenn wir aber nicht wissen, was *wir* brauchen, um uns wohlzufühlen, ist es schwierig, Verantwortung für *andere* zu übernehmen. Wie können wir eine Familie, ein Team, einen Kunden anleiten oder führen, wenn wir nicht wissen, was gut ist? Wie können wir in unserer Kraft bleiben, die wir brauchen, um verantwortlich zu handeln, ohne auf uns selbst zu achten? Eine Mutter, die nicht schläft, wird auf Dauer nicht gut für ihr Kind sorgen, ein Vorarbeiter, der nicht genug isst, wird seinen Mitarbeitern nicht zeigen können, wie man richtig anpackt.

Da das Erkennen eigener Bedürfnisse für viele Menschen schwierig ist, kann eine Checkliste helfen. Dabei orientieren wir uns an Dingen, die bei vielen zu den elementaren emotionalen Bedürfnissen gehören. Ich nehme an, dass für den überwiegenden Teil meiner Leser die lebensnotwendigen Bedürfnisse (Nahrung, Unterkunft, Sicherheit) im Alltag erfüllt sind. Es soll um emotionale Bedürfnisse und die Bedürfnisse nach Sinnhaftigkeit im Leben gehen. Woran können wir messen, dass diese Bedürfnisse befriedigt sind? Als Messinstrumente kommen infrage:

Daran kann ich messen, ob meine Bedürfnisse befriedigt sind

Eigene Stimmung

Innere Ruhe

Grad an Zufriedenheit mit sich selbst und anderen

Muskelentspannung

Erholsamer Schlaf

Kraft und Energie spüren

Optimismus

Freude am Kontakt mit anderen

Genießen können

In der Regel können wir davon ausgehen, dass, wenn eines oder mehrere der genannten Kriterien vorhanden sind, wir uns in einem Zustand befriedigter Bedürfnisse befinden. Hierbei nun innezuhalten und im Kopf durchzugehen, was diese individuellen Bedürfnisse bei uns sein können, kann uns mehr Klarheit bringen. Zu den häufigsten Bedürfnissen gehören:

Bedürfnis
Nähe zu anderen Menschen
Vertrauen
Anerkennung
Wertschätzung
Spieltrieb
Für andere Menschen da sein
Entspannung, Muße
Für sich sein, den eigenen Gedanken nachhängen

Helfen kann beim Entdecken eigener Bedürfnisse auch, im Leben zurückzublicken. Die folgende Übung zeigt, wie das gehen kann.

Wir sehen im Beispiel, dass Zeiten, in denen wir uns wohlfühlen, meist mit der Erfüllung von (einem oder mehreren) Bedürfnissen einhergehen. Manchmal zeigt sich, dass ein Wohlgefühl hauptsächlich mit der Erfüllung eines zentralen Bedürfnisses einhergeht (wie im obigen Beispiel). Es kann aber auch sein, dass es sich um mehrere Bedürfnisse handelt.

Übung: Der Bedürfnis-Lebenslauf

Schreiben Sie Ihren Lebenslauf mal etwas anders. Das Besondere ist, dass sie hier nicht alles aufnehmen, was Ihnen wichtig erscheint, sondern Sie schreiben ausschließlich über die Zeiten und Momente Ihres Lebens, in denen Sie sich wohl gefühlt haben. In die rechte Spalte schreiben Sie, welche Bedürfnisse sich in dieser Zeit erfüllt hatten.

Ein Beispiel könnte so aussehen (oder hier den Lebenslauf des o. g. Beispiels):

Zeitraum	Beschreiben Sie Ihr Leben oder einen Moment in dieser Zeit	Welche Bedürfnisse haben Sie sich oder wurden in dieser Zeit erfüllt?
9. bis 12. Lebensjahr	Ich war viel mit Freunden aus der Nachbarschaft unterwegs, das hat mir großen Spaß gemacht	Ich habe so oft es ging Freunde gesehen und mit ihnen viele Dinge ausprobiert
19. bis 24. Lebensjahr	Ich wohne in einer WG und knüpfe auch im Studium viele Kontakte	Viele Kontakte, immer was los
28. Lebensjahr	Reise nach Irland mit Freunden	Mich in der Gruppe von Freunden wohlfühlen
35. Lebensjahr	Ich habe meinen Traumjob gefunden, in dem wir als Team zusammenarbeiten	Mich in einer Gruppe von Kollegen wohlfühlen
43. Lebensjahr	Traumurlaub mit drei anderen Familien	Wieder fühle ich mich in einer Gruppe geborgen

Schreiben Sie nun Ihren eigenen Best-of-Lebenslauf:

Zeitraum	Beschreiben Sie Ihr Leben in dieser Zeit	Welche Wünsche/ Bedürfnisse haben Sie sich oder wurden in dieser Zeit erfüllt?

Sie sollten nun in der rechten Spalte die für Ihr Leben wichtigen Bedürfnisse erkennen können. Gehen Sie gerne noch einmal bewusst in die positive Gefühlswelt dieser Lebensphasen hinein und lassen Sie sich davon motivieren, Ihre eigenen Bedürfnisse auch aktuell mehr zu berücksichtigen. Überlegen Sie im nächsten Schritt, was von den Tätigkeiten, Dingen und Emotionen aus den »guten Zeiten« Sie ins Jetzt übertragen könnten; wie Sie mehr von diesen guten Emotionen erleben können, und auch, wie oft Sie eine gute Zeit nur für sich brauchen, um sich wohlzufühlen (einmal pro Woche einen halben Tag, jeden Tag eine Viertelstunde, alle zwei Tage). Falls es Ihnen unmöglich erscheint oder sehr schwer für Sie vorzustellen ist, auch jetzt gute Zeiten zu erleben, überlegen Sie, was Sie daran hindert. Wie könnten Sie die Hinderungsgründe abbauen?

Machen Sie sich hier eine Liste mit allen Dingen, die Sie im Augenblick daran hindern, eine gute Zeit zu haben (wie in Ihrem Best-of-Lebenslauf).
Meine Hinderungsgründe:

–

–

–

Sortieren Sie diese Gründe im nächsten Schritt so, dass Sie zuerst die nennen, die leicht zu ändern sind.

–

–

–

Beginnen Sie nun mit dem ersten Hinderungsgrund, also dem, den Sie am leichtesten ändern können. Oft ist es so, dass wir vor allem an die Dinge denken, die überhaupt nicht zu ändern sind – das frustriert und macht uns handlungsunfähig. Beginnen Sie stattdessen, etwas zu ändern, was relativ leicht zu beeinflussen ist – dann haben Sie zwar noch nicht Erfolg auf ganzer Linie, aber Sie fühlen sich handlungsfähig. Und das ist ein entscheidender Faktor, um sich wohler zu fühlen. Das Gefühl, etwas bewirken zu können, und sei es auch klein, motiviert uns und gibt uns Kraft.

Unerfüllte Sehnsucht zulassen

Beim Rückblick auf das Positive und die Phasen des Lebens, in denen wir uns wohlgefühlt haben und viele Bedürfnisse erfüllt wurden, gibt es meist auch Schmerzliches, über das wir stolpern: Unerfüllte Sehnsucht, zum Beispiel nach Umsorgtwerden oder nach leistungsunabhängiger Anerkennung und Liebe. Ein Grund dafür, dass wir im Leben zu viel Verantwortung übernehmen, ist nämlich häufig, dass in entscheidenden Phasen unserer eigenen Kindheit und Jugend nicht genug Verantwortung *für uns* übernommen worden war. Diesen Mangel versuchen viele Menschen als Erwachsene auszugleichen, indem sie sich selbst in die Rolle des Gebenden, Fürsorgenden, Verantwortlichen begeben. Um sich ja nie wieder abhängig zu fühlen. Als Selbst-Versorgender spüren sie die Sehnsucht nach Versorgung nicht mehr. »Ich brauche nichts!« Zumindest oberflächlich. Diese Autonomie ist jedoch nur Schein. Denn jeder Mensch braucht das Gefühl, dass sich ein anderer um ihn kümmert. Meist bahnt sich die Sehnsucht einen Weg, zum Beispiel in Form von Stress, körperlichen (psychosomatischen) Symptomen, depressiven oder auch aggressiven Gefühlen. Es ist für den Heilungsprozess wichtig, wenn auch nicht schmerzfrei, sich dieser unerfüllten Sehnsucht zu stellen.

»Constantin Sudendorf hat kaum mehr Erinnerungen an seine Kindheit. Seine Mutter ist kurz vor Beginn der Therapie verstorben, und so kann er auch sie leider nicht mehr fragen. Auffällig ist, dass Constantin, obwohl er fest im Leben steht und in seinem Beruf erfolgreich und mit seiner Frau glücklich ist, immer wieder den Eindruck hat, es niemandem recht machen zu können, nicht zu genügen. Objektiv ist das völlig unverständlich. Er ist ein engagierter, zuverlässiger Ehemann und sehr fürsorglicher Vater. Für seine Frau lässt er alles stehen und liegen, hilft dem fast erwachsenen Sohn in allen Lebenslagen. Er fühlt sich für ihr Wohlergehen immer verantwortlich. Nur er selbst kommt kaum zur Ruhe, kann sich aber nicht erklären, warum. Er findet schließlich eine alte Freundin der Mutter, die ihm von seiner Kindheit erzählt. Seine Mutter war ledig mit ihm schwanger geworden und hatte den Vater nicht preisgeben wollen. Ihre Eltern brachen mit ihr, und sie war nun ganz auf sich allein gestellt. Damals war es üblich, dass unverheiratete Mütter ihre Kinder in Heime gaben. Er war dort eineinhalb Jahre, bis die Mutter einen neuen Partner fand. Und plötzlich erinnert sich Constantin: An Abschiede von der Mutter, wie er ihr hinterherlaufen wollte, aber nicht durfte, wie er weinte und sie vermisst hatte. Eine tiefe Trauer und Sehnsucht überkommt ihn. Nun versteht er besser, warum er sich immer wieder – scheinbar grundlos – so unzulänglich fühlt. Es sind die alten, kindlichen Gefühle, die sich in ihm eingebaut haben und die wieder hochkommen, wenn eine Unsicherheit entsteht. Deshalb reißt er für alles die Verantwortung an sich – um ja nicht die Kontrolle über die Situation zu verlieren.

Das Gefühl der Sehnsucht ist zunächst schmerzhaft, öffnet dann aber den Weg, um auf seine Bedürfnisse Rücksicht zu nehmen. Constantin probiert zaghaft, zu bestimmten Gelegenheiten an sich zu denken. Ein Beispiel: Statt seinem Sohn bei der zu spät fertiggestellten Seminararbeit zu helfen, traut er ihm zu, das allein zu schaffen Constantin verbringt dafür ein Wochenende mit seiner Frau, was schon lange nicht mehr möglich war. Vielleicht ist die Seminararbeit ein paar Punkte schlechter als mit seiner Hilfe, aber der Sohn schafft es. Er ist schließlich froh über seine ganz eigenständig erstellte Arbeit und setzt diese Selbständigkeit auch im weiteren Studium immer wieder um. Constantin unterstützt den Sohn nun dadurch, dass er selbst ausgeruhter und zufriedener ist und dass er Zutrauen in ihn hat. **«**

Der schmerzliche Umweg über den Mangel und die Sehnsucht gibt die Sicht frei für die eigenen Bedürfnisse, zum Beispiel nach Ruhe und sich selbst umsorgen. Bei diesem Schritt braucht man oft therapeutische Unterstützung. Der Schritt in alte Gefühle, Gefühle der Hilflosigkeit und Trauer, erfordert meist die Hilfe eines Profis, der hier Halt und Sicherheit geben kann und den Weg begleitet.

Eigene Bedürfnisse verwirklichen

» Philipp Leutner kann sich erinnern, dass er schon als Kind unglaublich gerne Dinge auseinander- und wieder zusammengebaut hat. Alles, was nicht niet- und nagelfest war, ging durch seine Hände. Als er älter wurde, konnte er nicht nur auseinander- und wieder zusammenbauen, sondern beim Zusammenbauen verbesserte er eine Komponente des Spielzeugs, wie zum Beispiel die Lenkung eines kleinen Autos. Oder er machte es weniger anfällig für Schäden, falls der kleine Bruder es wieder in die Finger bekommen sollte. Das machte ihm enormen Spaß, und er empfand es immer als seine schönste Beschäftigung, in der er vollkommen aufging – die Mutter konnte ihn kaum mehr an den Esstisch bringen. Im Laufe des Studiums, dann im Beruf und schließlich als Unternehmer spielt der Spaß am Spielen, rückblickend betrachtet, eine große Rolle. Solange er Spaß hat und etwas tüftlerisch-spielerisch verbessern kann, hat er eines seiner wichtigsten Bedürfnisse erfüllt. Als er zunehmend ›nur‹ noch managen muss und als Vater mehr und mehr auf die Bedürfnisse der Familie Rücksicht nimmt, gerät dieser Bereich, einfach zu spielen, völlig aus dem Blickfeld. Nachdem ihm mehr und mehr bewusst wird, wie wichtig ihm dieses Bedürfnis immer war und noch ist, entdeckt er unter der mühsam erscheinenden Oberfläche seines Lebens verschiedene Bereiche, in denen er Potential hat, seinem Spieltrieb nachzugehen. In der Firma beginnt er mit seinem Team, wieder neue Ideen zu entwickeln. Er stellt einen Finanzexperten für das Betriebswirtschaftliche ein, sodass er sich mehr der Entwicklung von neuen Ideen widmen kann. Er spürt, dass die Firma, im guten Sinne, wieder sein Spielzeug ist, an dem er herumtüftelt. Er merkt auch, wie sehr die Mitarbeiter sich diese Lust von ihm wünschen und wie selbstverständlich sie nun mit ihm mitziehen. Zu Hause kümmert es sich noch intensiver um seine Söhne. Wenn er Zeit mit ihnen verbringt, macht er viel mehr Dinge, die ihm Spaß machen, und nicht mehr nur, was seine Frau meint, was die Kinder bräuchten (aus ihrer Sicht: mehr lernen, üben und aufräumen). Er dagegen spielt mit seinen zwei Jungs und gibt ihnen seine Lust am Tüfteln authentisch weiter. Anders als von der Mutter befürchtet, leiden die Schulnoten nicht, in den naturwissenschaftlichen Fächern werden sie sogar besser, und selbst in Deutsch bringt einer der beiden eine Zwei mit nach Hause – er hat in seiner Erörterung so enthusiastisch für ein Projekt (eine Technik-AG in der Schule) argumentiert, dass sogar der Lehrer begeistert war.«

Um Bedürfnisse vermehrt umzusetzen, hilft es, diese als Wünsche formulieren zu können. So können wir sie selbst besser in uns verorten und sie auch anderen gegenüber leichter äußern:

Übung: Ich formuliere meine Wünsche

Für Menschen, die zu viel Verantwortung übernehmen, ist es wie im oben beschriebenen Beispiel. Sie tun sich schwer, eigene Bedürfnisse zu spüren und Wünsche zu formulieren. Probieren Sie einmal Folgendes: Stellen Sie sich vor, Sie wären Ihr eigenes Kind/Patenkind/Nichte oder Neffe, und Sie würden sich zum Geburtstag etwas Großes wünschen dürfen. Nichts Materielles, sondern Sie dürften einen Wunsch formulieren, der sich auf etwas anderes bezieht – zum Beispiel etwas dürfen oder auch etwas nicht machen müssen. Von wem würden Sie sich etwas wünschen? Was könnte das sein? Versuchen Sie bitte, mindestens zwei Wünsche zu formulieren. Schreiben Sie alles genau, also wortwörtlich und in direkter Rede, auf.

Ich wünsche mir ...

Ich wünsche mir ...

Ich wünsche mir ...

Im folgenden Beispiel zeige ich Ihnen, wie die Äußerung eines Wunsches gelingen kann.

»Dominik Sattler hat einen gut laufenden Handwerksbetrieb aufgebaut. Er ist grundsätzlich zufrieden, leidet aber darunter, dass das Verhältnis zu seinem Vater nicht gut ist und er sich eigentlich eine bessere, vertrautere Beziehung zu ihm wünscht. Dominik hat sich schon immer verantwortlich gefühlt, die Launen seines Vaters auszugleichen, seine Fehler zu beheben. Immer war er auf der Hut, wenn sein Vater abends nach Hause kam, und passte sein Verhalten dementsprechend an. Nun baut der Vater ein Ferienhaus in Niederbayern. Dominik nimmt sich ein paar Tage frei und begleitet ihn auf die Baustelle. Er will mit seiner Erfahrung im Hausbau behilflich sein, vor allem aber ein paar schöne Tage gemeinsam mit dem Vater verbringen. Frustriert kommt er zurück: Der Vater hatte Rückenschmerzen und war »entsprechend« gelaunt. Er hat barsch fast jeden Vorschlag des Sohnes zurückgewiesen, und Dominik ist sich vorgekommen wie ein Schulbub. Vor der nächsten Fahrt zum Ferienhaus bereitet er sich deshalb auf ein Gespräch vor. Er überlegt sich, wie er mit dem Vater über seine Wünsche reden könnte. Schließlich sagt er ihm einfach, was er denkt und sich wünscht: »Ich bin kein Anhängsel, das man für seine Launen nutzt. Ich möchte, dass du mich anhörst und meinen Rat ernst nimmst. Du musst meine Tipps nicht umsetzen, die freie Entscheidung für dein Haus liegt bei dir. Aber wenn du grundsätzlich nicht zuhörst und nichts umsetzt, frage ich mich, ob ich eine Rolle habe in dem Ganzen, was ich überhaupt hier soll. Denn mein eigentlicher Wunsch ist es, ein paar schöne Tage mit dir zu verbringen.« Der zweite Ausflug läuft für Dominik sehr viel besser, er fühlt sich wohl. Auf der Baustelle sind sie ein gutes Team, und der Vater setzt einige seiner Vorschläge um, die Dominik schon auf der Fahrt mit ihm diskutiert hatte. Sein Vater bedankt sich sogar mehrfach bei ihm, sowohl für den fachlichen Rat als auch, noch wichtiger, für die gemeinsam verbrachten Tage.«

Schritt 3: Das rechte Maß finden

In den letzten Abschnitten haben wir versucht, anhand von Rückblicken und Beobachtungen im Jetzt unsere Bedürfnisse zu erkennen. Wir wissen nun besser, was wir brauchen, vermissen und möglicherweise schon einen Großteil unseres Lebens vermisst haben. Allerdings können wir jetzt nicht einfach entscheiden, nur noch unsere Bedürfnisse zu erfüllen. Zum einen ist es in einer Gesellschaft nicht möglich und erst recht nicht ratsam, dass jeder nur immer auf sich schaut. Zum anderen ist es aber auch gar nicht nötig! Wir brauchen nur die richtige Dosierung, das reicht vollkommen.

Um das rechte Maß zu finden, muss man vor allem ehrlich mit sich sein. Wie viel gute Momente und wie viele Lasten sind für mich passend? Vermutlich gibt es nur sehr wenige Menschen, die nie Lasten verspüren, und das muss auch gar nicht unser Ziel sein. Der Mensch hat die Fähigkeit, Lasten zu tragen und damit sein Leben sinnvoll zu gestalten. Aufgaben zu übernehmen, persönliche Fähigkeiten in die Gesellschaft einzubringen, gehört zu den befriedigendsten und am meisten sinnstiftenden Elementen des Menschseins. Es geht nicht um die komplette Vermeidung von Lasten, sondern darum, dass wir unter ihrem Gewicht nicht zusammenbrechen und dann irgendwann krank werden und gar nicht mehr belastbar sind.

Je früher in unserem Leben wir das rechte Maß finden, umso besser können wir auf Dauer mit Lasten umgehen. Nicht zuletzt deshalb misst die Säuglingsforschung seit einigen Jahrzehnten dem Beginn des Lebens große Bedeutung zu. Wer sich als Säugling geborgen fühlt, als Kind sicher gebunden ist, kann (Widerstands-)Kräfte aufbauen, die das ganze Leben über tragen.

Auch das rechte Maß an Be- und Entlastung wird schon sehr früh im Leben eingeübt. Bei einem Säugling könnte man meinen, dass er noch nicht in der Lage ist, sein Maß an Belastungen zu regulieren. Doch schon ein Neugeborenes kann durch Einschlafen, Schreien oder den Kopf wegdrehen regulieren, wie viele Reize es aufnimmt. Und auch eine Fehlregulierung kann schon in diesem Alter erlernt werden. Wenn zum Beispiel Mutter oder Vater die Signale des Babys missverstehen. Wenn Schreien nur als Aufforderung verstanden wird, das Kind zu beschäftigen oder abzulenken und nicht auch als Anlass, es von Reizen abzuschirmen; oder wenn ein Wegdrehen des Babys verhindert wird, weil Eltern oder andere Menschen in der Umgebung sich ständig mit dem Kind beschäftigen wollen, vielleicht weil sie selbst Aufmerksamkeit brauchen. Wenn Erziehungspersonen dagegen aufmerksam und sensibel sind, können sie spüren oder mit der Zeit herausfinden, wann es mal besser ist, Reize für das Baby zu reduzieren. Dann kann schon das Neugeborene seine Reize, so gut es kann, selbst regulieren und für sich ein passendes Maß an Beanspruchung finden. Es lernt dabei fürs Leben.

Auch als Erwachsener kann man noch das rechte Maß für sich finden. Auch hier gilt zwar, je früher, desto schneller und besser. Aber ich habe auch Patienten jenseits der 60 begleiten dürfen, die noch ein besseres Maß an Be- und Entlastung für sich und damit zu mehr Zufriedenheit und Gesundheit gefunden haben.

Wenn wir mehr über unsere persönlichen Bedürfnisse, unsere Wohlfühl- und unsere Nicht-Wohlfühl-Signale herausgefunden haben, können wir damit beginnen, uns zu überlegen, wie viel von jedem für uns ein passendes Gleichgewicht darstellen würde, also auch, wie viele Challenges oder Stressoren wir uns am Tag oder pro Woche zumuten können. Um das genauer herauszufinden, schauen wir uns im Folgenden zwei Kriterien an, die uns helfen, das richtige Maß zu finden: individuelle Regenerationsfähigkeit und Anerkennung.

Individuelle Erholungsfähigkeit

Menschen sind unterschiedlich schnell in der Lage, sich nach einer Belastung zu erholen (siehe Schaubild »Individuelle Regenerationsfähigkeit«).

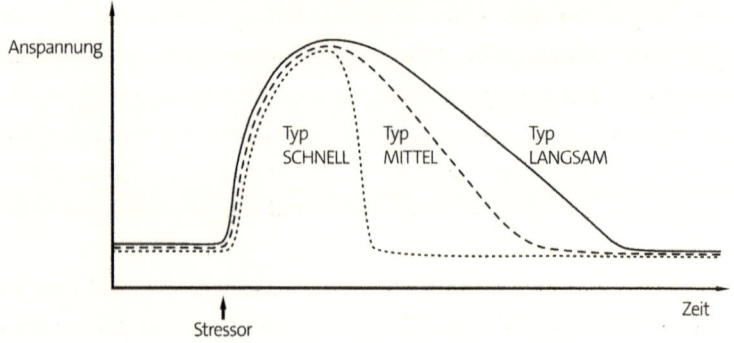

Individuelle Regenerationsfähigkeit nach einem belastenden Ereignis

Anspannung

Typ SCHNELL

Typ MITTEL

Typ LANGSAM

Stressor

Zeit

Im Bild gibt es TYP SCHNELL (gepunktet), der sich am schnellsten erholt, TYP MITTEL (gestrichelt) braucht schon ein bisschen länger, und TYP LANGSAM (durchgezogen) benötigt mehr als dreimal so lang wie TYP SCHNELL, um nach einer Belastung wieder in einen entspannten Zustand zu gelangen. Wenn sich TYP LANGSAM also in gleichem Rhythmus wie TYP SCHNELL belastenden Situationen aussetzt, kann es daher passieren, dass er gar nicht mehr zur Ruhe kommt und nur noch von Anspannung zu Anspannung ›hechtet‹.

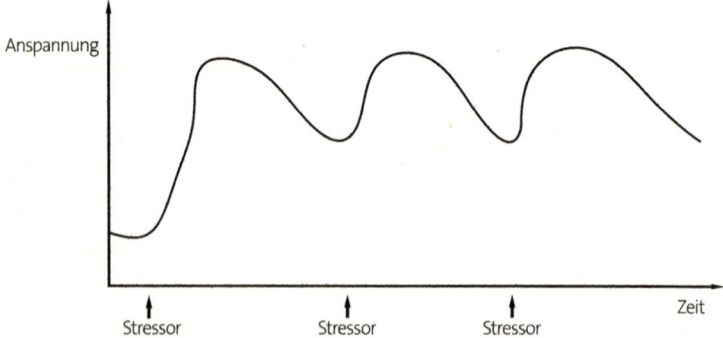

Anspannung

Stressor

Stressor

Stressor

Zeit

Erholung ist in diesem Fall nicht oder fast nicht mehr möglich. Die individuelle Regenerationsgeschwindigkeit ist zum Teil angeboren, zum Teil erlernt. Dass es einen erlernten Anteil gibt, bedeutet, dass man Regenerationsfähigkeit, unabhängig von der individuellen Veranlagung, auch trainieren, also verbessern, kann. Wichtig ist es in jedem Fall, die eigene Kurve zu kennen. Denn so kann man versuchen, den Rhythmus von Belastungen entsprechend anzupassen, und genug Zeit für die Erholung nach einer Belastung einplanen (mehr dazu auch in meinem Buch »Erfolgreich ohne auszubrennen«). Die Regenerationsgeschwindigkeit ändert sich auch mit dem Alter und abhängig von der Lebenssituation.

Experimentieren Sie anhand Ihrer Wahrnehmungen. Probieren Sie unterschiedliche ›Mengen‹-Verhältnisse von Be- und Entlastung aus. Achten Sie darauf, dass Sie zunächst möglichst die Wahrnehmung eines Unwohlseins bzw. Stressors abgebaut haben, bevor Sie sich etwas Neues zumuten. Probieren Sie dann mehr oder weniger häufige und starke Belastungen aus und spüren Sie, welches Maß Ihnen insgesamt immer wieder erlaubt, zur Ruhe zu kommen.

Unterstützen Sie Ihre Regenerationsgeschwindigkeit durch das Erlernen eines Entspannungsverfahrens (mehr dazu in meinem Buch »Top im Job«).

Wichtig ist auch ein guter Rhythmus, also Regelmäßigkeit und Verlässlichkeit von Entlastung und Belastung. So wie es seit Jahrtausenden in den meisten Kulturen praktiziert wird, zum Beispiel »Am Sonntag sollst du ruhen«. Achten Sie darauf, dass Sie anfangs mindestens einmal am Tag oder zweimal in der Woche das Gefühl haben, es geht Ihnen gut. Viele meiner Patienten haben dieses Gefühl so lange nicht mehr gehabt, dass sie es quasi »neu lernen« müssen.

Unterschätzen Sie nicht die fast schon magische Wirkung von echter Entspannung. Viele meiner Patienten kommen in einer Lebenssituation zu mir, in der sie sich seit Jahren (manchmal Jahrzehnten) überfordern. Sie kennen seit geraumer Zeit nur noch ein Übermaß an Anspannung, kommen also gar nicht mehr zuverlässig in eine regelmäßige Entspannung. Sie können sich, wegen ihres Übermaßes an Verantwortung und ihres Gefühls, es nicht recht zu machen, gar nicht vorstellen, dass sie loslassen können und dürfen. Wenn die Therapie fortgeschritten ist, kommen sie endlich wieder in eine echte Tiefenentspannung. Und, anders als zu Beginn befürchtet, führt dies nicht zu Minderleistung, sondern erhöht mittelfristig so gut wie immer die Leistungsfähigkeit. Aus echter Ruhe, aus tiefer Kraft heraus arbeiten und leben zu können, ist nun wieder möglich und eröffnet ungeahnte Perspektiven.

Anerkennung als Maßstab

Ein weiteres Messinstrument für das rechte Maß an Verantwortung ist, in Anlehnung an das, was uns Verantwortung üblicherweise geben / bringen sollte (s. Seite 48, Definition Duden), die Anerkennung, die man für die Übernahme der Verantwortung bekommt. Ein gutes, gesundes und passendes Maß kann sein, dass man nur so viel Verantwortung übernimmt, wie man an Anerkennung dafür empfinden kann. Dies herauszufinden ist mitunter gar nicht so einfach. So haben sich Menschen, die ein Übermaß an Verantwortung übernehmen, oft abgewöhnt, Anerkennung zu wollen, zu spüren oder wahrzunehmen. Manche sind in ihrer Prägung (s. Familiengeschichte) so von Anerkennung entwöhnt worden, dass sie damit gar nicht rechnen und deshalb denken, sie bräuchten sie nicht. Manche wissen nicht (mehr), wie sich Anerkennung anfühlt und können sie daher nicht erkennen. Oder sie konzentrieren sich so viel stärker auf Momente, in denen sie an sich zweifeln, dass sie Anerkennung gar nicht erkennen, wenn sie auftaucht.

»Sonia Oswald hat bei einem der monatlichen Abteilungsmeetings einen kleinen Fehler begangen. Sie schreibt wegen ihres Fauxpas eine Entschuldigungs-Mail an die anderen Teilnehmer. Sechs von sieben Angeschriebenen schicken ihr daraufhin beruhigende, ihre Arbeit würdigende Antworten, die meisten erwähnen explizit, dass eine Entschuldigung nicht notwendig gewesen wäre. Aber diese Antworten nimmt sie kaum wahr. Einzig die eine, nicht erhaltene Antwort beschäftigt sie. Sie malt sich aus, wie über alle Maßen kritisch dieser eine

Mensch ihr gegenüber wäre, hätte er geantwortet. Erst dadurch, dass sie sich Zeit nimmt und bewusst auch an die positiven Rückmeldungen denkt, sich diese wörtlich in Erinnerung ruft (sie liest noch mal in ihren E-Mails bewusst nach), kann sie ihre Selbstkritik ein wenig zurückfahren und die Anerkennung wirken lassen.«

Um ein gesundes *Maß* an Anerkennung zu erkennen, müssen wir daher zunächst lernen, *Anerkennung* zu erkennen. Hier kommen wir zu unserer ersten Übung.

Übung: Schreiben Sie alle Möglichkeiten auf, die in Ihrem Leben Anerkennung signalisieren könnten

Beispiele:

- jemand bedankt sich bei mir
- jemand lächelt mich an
- ich werde auch in meiner stillen/leisen/traurigen Seite gesehen
- ich bin zufrieden mit meiner Leistung
- jemand bestätigt meine Meinung

Hier die Formen von Anerkennung, die Sie im Laufe Ihres Lebens kennengelernt haben:

Anerkennung, die Sie in der letzten Woche erhalten haben:

Das rechte Maß an Anerkennung bekommen wir in der Regel, wenn wir mit uns und unseren Nächsten zufrieden sind. Viele meiner Patienten haben über Monate und Jahre, manchmal nahezu ihr Leben lang, auf Anerkennung verzichtet oder gelernt, dass es davon in ihrem Leben sowieso zu wenig gibt. Ihnen rate ich, in jedem Fall die »Dosis« zu steigern. Also bewusst Situationen aufzusuchen, in denen Anerkennung wahrscheinlicher ist, aktiv um Feedback zu bitten oder, wie im letzten Beispiel beschrieben, selbst noch einmal Revue passieren zu lassen, wo ich Anerkennung bekommen habe, es aber möglicherweise nicht gemerkt oder übergangen habe und mich stattdessen auf meine Defizite fokussiert habe.

5.2 Sich von Lasten befreien

Viele meiner Patienten haben sich im Laufe ihres Lebens jede Menge Dinge ›ans Bein gebunden‹. Durch ihre Neigung, immer mehr Verantwortung zu übernehmen als andere und auch mehr, als für sie gut ist, haben sie einen Berg an Lasten aufgehäuft. Sobald es etwas zu verteilen gab, haben sie »Hier!« gerufen.

Es gilt nun, einen Teil dieser Lasten wieder loszuwerden. Das ist bei manchen, besonders langjährigen, Verpflichtungen gar nicht so einfach – ein Haustier kann man nicht einfach wieder abgeben und erst recht nicht ein Kind. Aber auch die kleineren Dinge können in Summe zu viel werden. Um Lasten loszuwerden, müssen wir zunächst merken, *was* in unserem Leben uns in welcher Menge belastet.

Erkennen, was die Lasten sind

Woran erkenne ich nun, was eine Last für mich ist und was nicht? Wir merken zwar, dass es ›irgendwie‹ stressig ist. Aber gerade in der Erschöpfung oder in der Anstrengung fällt es uns erstaunlich schwer zu sagen, was genau dazu führt, dass wir es als Last empfinden und welche der vielen Verpflichtungen das Fass zum Überlaufen bringt. Was oder welche Menge sind belastend? Bis zu welchem Punkt wären die Aufgaben in meinem Leben nicht belastend und ab welchem Punkt kippt mein System?

Machen Sie folgendes Selbst-Experiment: Fragen Sie sich, was in der letzten Woche für Sie schön oder angenehm, erfreulich, herzerwärmend oder Glück versprühend war. Schreiben Sie diese ›schönen Dinge‹ in den folgenden Wochenplan:

Übung Lasten erkennen

Wochentag	Mo	Di	Mi	Do	Fr	Sa	So
Schöne Dinge							
Belastende Dinge							

Ergänzen Sie den Plan nun in der zweiten Zeile um die Dinge, die Sie an den jeweiligen Tagen als Belastung empfunden haben. Bei einem Querschnitt durch eine ›normale‹ zurückliegende Woche haben Sie nun einen Überblick, welche Lasten Sie innerhalb von sieben Tagen stemmen. Sie sehen auch, wie das Verhältnis zwischen schönen und belastenden Tätigkeiten innerhalb der letzten Woche war.

Reicht der Platz in der Tabelle aus? Oder ist die untere Zeile in Windeseile voll, während Sie noch grübeln, was Ihnen für die obere Zeile einfallen könnte? Oder merken Sie erst beim Ausfüllen der Tabelle, wie viel Sie schultern? Vielleicht gibt es sogar eine Kategorie, die Sie nicht gleich einordnen können: Etwas, das eigentlich schön sein sollte, sich aber trotzdem wie eine Belastung anfühlt. Das ist besonders kritisch, denn es ist ein Anzeichen dafür, dass eigentlich angenehme Dinge zur Belastung werden und nicht mehr zur Erholung genutzt werden können. Es kann ein Hinweis dafür sein, dass Sie sich chronisch überfordern und dass Ihre Regenerationsfähigkeit eingeschränkt ist. (Mehr dazu in meinem Buch »Erfolgreich ohne auszubrennen«.) Sollte dieser Zustand anhalten, so nehmen Sie möglichst früh Hilfe in Anspruch.

Zwischen Tätigkeit und Belastung kann eine Reihe meiner Patienten gar nicht mehr unterscheiden. Sie haben, oft viele Jahre, manchmal sogar Jahrzehnte, ihr Schaffen als ›normal‹ erlebt. Es ist immer wieder erstaunlich, von wie vielen Lasten mir Patienten schlussendlich berichten, wenn ich nur lang genug nachfrage. Viele meinen zu Anfang »Eigentlich ist doch alles wie immer!«, und erst im Gespräch darüber merken sie, wie viel es wirklich ist. Sie haben körperliche Symptome wie Rückenschmerzen, häufig auftretende Magen-Darm-Beschwerden, Kopfschmerzen oder ein Ohrgeräusch einfach ignoriert. Sie haben gelernt, mit gestörtem, nicht erholsamem Schlaf zu leben. Sie haben sich daran gewöhnt, dass sie oft nicht glücklich, nicht einmal zufrieden, vielleicht sogar unglücklich sind. Hilft nicht, muss ja gemacht werden.

Nun wollen wir das ändern! Bitte achten Sie in der nächsten Woche einmal darauf, was für Wahrnehmungen Ihnen signalisieren könnten, dass Sie etwas belastet. Signale können sein:

- die Verspannung von Muskelgruppen, insbesondere im Hals-Nacken-Bereich
- innere Unruhe
- unruhiger oder verkürzter Schlaf
- schlecht einschlafen können
- Magen-Darm-Symptome wie Durchfall, Verstopfung oder Blähungen

Wenn es schwer für Sie ist, diese Signale an sich selbst wahrzunehmen, kann folgende Übung helfen:

Übung: Körper-Scan

Setzen oder legen Sie sich in einer ruhigen Umgebung hin. Schließen Sie die Augen und beobachten Sie Ihren Körper, Stück für Stück, Gliedmaße für Gliedmaße, von außen nach innen. Beginnen Sie nacheinander bei den Händen und Füßen, achten Sie darauf, wie sich diese anfühlen. Gehen Sie nun weiter, zunächst die Beine hoch bis zu den Oberschenkeln, dann die Arme bis zum Schulteransatz. Je schwerer es Ihnen fällt, sich zu spüren, umso kleinteiliger gehen Sie vor (wer ein gutes Körpergefühl hat, kann zum Beispiel beide Hände zusammenfassen, wer sich schwerer tut, sollte lieber auf einer Seite beginnen). Wenn Sie diese Übung das erste Mal machen, hören Sie ruhig hier auf. Beim zweiten Mal beginnen Sie wie oben und machen nun weiter, indem Sie Ihre Atmung beobachten: Wie wölbt sich Ihre Bauchdecke, wenn Sie ein- und ausatmen? Wie lange dauert ein Atemzug? Wie tief atmen Sie? Sind Ein- und Ausatmung gleich lang? Konzentrieren Sie sich als Nächstes auf Ihren Bauch. Macht er Geräusche, spannt irgendwo etwas oder ist alles ruhig und entspannt? Als nächsten Schritt achten Sie auf Ihren Herzschlag. Wie schnell schlägt Ihr Herz, können Sie es durch die Atmung oder durch Gedanken beeinflussen (was ganz normal ist, aber nicht sein muss)? Zum Abschluss spüren Sie Ihren Nacken und am Ende Ihren Kopf und Ihre Stirn. Wie ist hier die Muskelspannung? Können Sie die Spannung durch Gedanken oder Bewegungen beeinflussen?

Wenn Sie solch einen Körper-Scan über mehrere Tage ein- bis zweimal am Tag machen, können Sie schon einiges mehr über sich und Ihr körperliches Wohlbefinden sagen. Beobachten Sie nun Ihre körperlichen Reaktionen auf die verschiedenen Belastungen im oben angelegten Wochenplan. Versuchen Sie herauszufinden, welche Belastungen sich besonders stark in Ihrem Körper bemerkbar machen. Machen Sie das Gleiche nun mit Ihren Gedanken und Gefühlen. Setzen Sie sich einmal am Tag hin und lassen Sie die Emotionen Revue passieren. Zu welchen Gelegenheiten waren Ihre Gedanken und Gefühle eher freundlich, liebevoll, warm, zugewandt, selbstwertschätzend, zu welchen Gelegenheiten waren sie eher belastend, missgestimmt, unzufrieden machend? Sie haben nun eine Reihe von Hinweisen, welche Tätigkeiten, Situationen und Gelegenheiten in Ihrem Alltag belastend sind. Noch mehr zu diesem Thema finden Sie in meinem Buch »Top im Job«.

Antreiber durch Gegen-Sätze abschwächen

Im ersten Kapitel habe ich von inneren Antreibern geschrieben, die dazu führen, dass wir zu viel auf unsere Schultern laden. Im nächsten Schritt wollen wir versuchen, diese Antreiber zu zähmen. Die folgende Übung lädt dazu ein, den antreibenden Sätzen etwas entgegenzuhalten.

Übung: Gegen-Sätze finden

Hier möchte ich Bezug nehmen auf die erste Übung im ersten Kapitel (Seite 30). Bitte schauen Sie sich noch einmal kurz an, welche Antreiber Sie notiert haben. Sie haben dort die Antreiber formuliert, die Ihr Leben bislang wesentlich bestimmt haben. Nun geht es darum, diesen Antreibern Gegen-Sätze entgegenzusetzen. Die Gegen-Sätze werden Ihre Antreiber nicht völlig auflösen, aber sie können dazu dienen, ein gesundes, weniger überlastendes Gleichgewicht herzustellen.

Nehmen Sie also Ihre Antreiber vom ersten Kapitel und formulieren Sie, wie in dem unten stehenden Beispiel, für jeden Ihrer Antreiber einen Gegen-Satz. Wichtig: Die Gegen-Sätze dürfen keine Verneinungen, kein Konjunktiv enthalten. Sie sollen, genauso wie die Antreiber, positive Aufforderungen sein.

Antreiber (Beispiel)	Gegen-Satz (Beispiel)
Sei perfekt!	Sei menschlich, jeder Mensch hat Schwächen und Fehler und darf sie haben
Mach es anderen recht!	Mach es so, dass es auch für dich wirklich gut ist
Sei stark!	Wähle aus, wo du stark und wo du schwach sein darfst

Meine Antreiber	Gegen-Satz

Wenn Sie Ihre Aufstellung anschauen, werden Sie vermutlich merken, dass die Gegen-Sätze nicht übertrieben sind. Ihnen wird auffallen, dass eher die inneren Antreiber völlig überzogen sind – oft verlangen sie Unmenschliches. Im Beispiel ist der erste Antreiber: »Sei perfekt!« Wenn wir ihn lesen, wird klar, dass das unerfüllbar ist und dass der Gegen-Satz »Sei menschlich, jeder Mensch hat Schwächen und Fehler und darf sie haben« viel vernünftiger, realistischer und außerdem freundlicher ist. Nüchtern betrachtet macht es im Vergleich viel mehr Sinn, sich an den Gegen-Satz zu halten als an den inneren Antreiber. Und es macht ungleich mehr Freude!

❱❱Auch Jan Mertens hat sich immer angetrieben. »Du musst es so machen wie alle aus der Familie!«: Unternehmer sein, Geschäftsmann, gerne mit Kunden und in Gesellschaft. Aber das sind ganz und gar nicht seine Stärken. Dabei ist es nicht so, dass er nichts kann oder will. Er war schon immer ein stiller Mensch gewesen, hatte gerne beobachtet und immer wieder sehr gut herausfinden können, wenn etwas nicht so gut funktionierte. In seinem Betrieb in Österreich muss er nur einmal durch die Werkshalle gehen, und schon hat er Ideen, wie man Abläufe an den einzelnen Stationen der Produktion verbessern kann. Solche Gedanken liebt er, er tüftelt dann besonders intelligente, zeit- oder ressourcensparende Nachbesserungen aus. Damit spart er der Firma viel Geld und verhindert lästige Fehlproduktionen. Aber in seiner eigentlichen Position als Geschäftsführer fühlt er sich nicht wohl, er hat immer wieder den Eindruck, den Anforderungen nicht zu genügen, nicht gut und engagiert genug und letztlich unzulänglich zu sein. Erst im Laufe des Coachings kann er für sich seine Besonderheit, anders als der Rest der Familie zu sein, erkennen und akzeptieren. Er versteht mehr und mehr, dass sein Hauptthema nicht seine Unzulänglichkeit ist, sondern dass seine wahren Talente und auch seine Schwächen seit seiner Kindheit nicht wirklich beachtet worden sind. Keiner hat das sehen können, was keine böse Absicht, aber dennoch für ihn schmerzhaft war. Er ist nicht gesehen worden, zumindest nicht so, wie er ist. Nun kann er zu sich sagen:»Ich bin anders als die anderen, aber so bin ich nun mal. Und das ist okay!« Diese Erkenntnis macht es ihm möglich, einen Bekannten und ehemaligen Studienkollegen als Vertriebsleiter einzustellen. Dieser übernimmt an seiner Stelle einen Großteil der Kundenpflege und hat auch noch Freude daran. Jan ist zwar auch immer wieder in Geschäftsverhandlungen dabei, aber er hat nun den neuen Kollegen als Verstärkung und fühlt sich viel wohler. Es kommt sogar vor, dass er sich auf ein Kundengespräch freut, was er seit Jahren nicht mehr erlebt hat. Ihm bleibt mehr Zeit, um neue Produkte zu entwickeln oder bestehende Produkte nachzubessern. Er übernimmt einen kleineren Teil der Gesamtverantwortung, den für die technische Weiterentwicklung der Firma. Damit fühlt er sich rundherum wohl, weil dieser Teil der Verantwortung genau zu ihm und seinen Besonderheiten, Talenten und Schwächen passt.《

Spüren Sie nun noch einmal den Lasten der Übung »Lasten erkennen« (Seite 95) nach. Gibt es Lasten, die Sie loswerden können, wenn Sie Ihre Gegen-Sätze innerlich formulieren? Sehr oft sind unsere inneren

Antreiber verantwortlich dafür, dass wir zu viel Verantwortung übernehmen, uns mehr Lasten zumuten, als wir eigentlich tragen können. Wenn Sie die richtigen Gegen-Sätze zu Ihren Antreibern gefunden haben, können sich Ihre Gedanken beruhigen. Der innere Druck nimmt ab und macht Platz für positive Gefühle.

Verantwortung an frühere Generationen zurückgeben

Auch in der nächsten Übung nehme ich Bezug auf das erste Kapitel dieses Buches. In dem Abschnitt »Familiengeschichte« ist beschrieben, wie Kinder und sogar Enkel noch Verantwortung für etwas übernehmen und sich Dinge aufhalsen, die sie gar nicht selbst verantworten können. Weil sie noch nicht geboren waren oder viel weniger Lebenserfahrung haben als ein Familienangehöriger. In meinen therapeutischen Sitzungen hilft oft schon allein das Verstehen dieses Zusammenhangs.

» Konstantin Leupolds Vater hat seit seiner Jugend eine schwere psychische Störung. Er ist immer wieder davon überzeugt, dass er auserwählt sei und dass alle um ihn herum ihm zu Diensten sein müssen. Dann wieder fällt er in tiefste Depressionen, und nicht nur einmal befürchtet Konstantin, dass er sich das Leben nehmen könnte. Auch Konstantins Mutter ist nicht einfach. Statt Ruhe zu bewahren, ließ sie sich von den Verrücktheiten des Vaters anstecken, und es gab oft Streit, manchmal flogen Vasen oder andere Gegenstände durchs Haus. Nur Konstantin lernte, geduldig und ausgleichend zu sein. Als Erwachsener managt er dann nicht nur sein eigenes Leben mit Frau und Kindern, sondern auch immer das von Mutter, Vater und später auch die Belange seiner Halbschwestern. Als Konstantin merkt, dass er wegen des vielen Kümmerns um seinen Vater kaum mehr Zeit für seine Kinder hat und seine chronischen Rückenschmerzen eines Tages zu einem Bandscheibenvorfall führen, merkt er, dass sich etwas ändern muss. Er kann nicht das Leben und Leiden seines Vaters wiedergutmachen. Er lebt jetzt und hat das Recht, sich um sich zu kümmern. Er gibt dem Vater seine Verantwortung für sein Leben zurück, indem er nicht zu jeder Zeit springt, wenn bei ihm wieder etwas schiefgeht, und fühlt sich nicht mehr für jede Kleinigkeit zuständig.

Herr Leupold hat dem Vater seine Themen mehr überlassen und sich dadurch für die eigenen Dinge und seine Familie frei gemacht. Mit einer Übung können Sie dieses Loslassen von alten Verantwortlichkeiten noch intensivieren. **«**

Übung: Erbe der Eltern

Stellen Sie sich vor, es gäbe ein immaterielles Erbe (also Charaktereigenschaften, Verhaltensweisen, Ängste, Talente etc.), das von Ihren Eltern an Sie vermacht wird. Anders als beim materiellen Erbe dürfen Sie bei der Annahme des Erbes nicht nur »ganz oder gar nicht« wählen, sondern Sie dürfen einzelne Eigenschaften und Verhaltensweisen annehmen und andere ablehnen. Wie würde das bei Ihnen aussehen?

Eigenschaften, Verhaltensweisen, Ängste, Talente, ...	Mutter	Vater
Das möchte ich annehmen		
Das möchte ich nicht annehmen		

Auch Sabine Engels konnte Verantwortung an frühere Generationen zurückgeben.

»Sabine hatte zeit ihres Lebens geackert, um alle um sich herum zufriedenzustellen. Zunächst als Tochter eines nie glücklichen Vaters, dann als ambitionierte Basketballerin im Verein. Danach ging es ohne Pause weiter im Informatik-Studium, nahtlos gefolgt von einer Karriere in einem DAX-30-Unternehmen. Hintergrund ihrer Rastlosigkeit war die Lebensgeschichte ihres Vaters: Als Elfjähriger musste er mit seiner Familie aus Ostpreußen flüchten. Er erlebte die Schmach als »dreckiges Flüchtlingskind«. War seine Familie als alteingesessene Großbauern im Heimatort hoch angesehen gewesen, waren sie nun nichtsnutzige Esser, ungewollt, ohne Stand, ohne Geld und ohne Einfluss.«

Was hat Sabine geholfen? Zum einen half ihr das Verständnis für die Ursachen der inneren Unruhe und Rastlosigkeit, die sich wie ein roter Faden durch ihr Leben zogen. Wie ein immaterielles, unsichtbares Erbe hatte der Vater die Angst vor sozialem Abstieg und Verlust der materiellen Sicherheit an sie weitergegeben. In ihren Beziehungen zu anderen Menschen zeigte sie sich, ähnlich wie als Kind und Jugendliche gegenüber ihrem Vater, sehr anpassungsfähig und reagierte auf kleinste Unmutsäußerungen. Sie versuchte immer, es den anderen recht und möglichst einfach zu machen, indem sie auf alle seine Wünsche einging. Das machte sie unruhig und vorsichtig – immer auf der Hut, ja nichts zu übersehen. Erst mit Zeitverzögerung merkte sie, dass sie ihre eigenen Wünsche überhaupt nicht berücksichtigt hatte. Im Nachhinein war sie wütend auf sich, wieder nichts für sich getan zu haben und sich zum Beispiel an Wochenenden nicht erholt zu haben. Psychologisch gesehen handelt es sich hier um das Phänomen der Übertragung.

Begriffserklärung Übertragung

Unter Übertragung im psychologischen Sinne bezeichnet man ein Phänomen, in dem eine Person Beziehungserlebnisse aus einer früheren Beziehung (in der Regel aus der Kindheit) auf eine Person der Gegenwart überträgt. So kann zum Beispiel die Ablehnung durch den eigenen Vater sich übertragen auf die Beziehung zu einem männlichen (oder auch einer weiblichen) Vorgesetzten. Der Mitarbeiter fühlt sich abgelehnt, obwohl der Vorgesetzte vielleicht zunächst gar keine Gefühle der Ablehnung empfindet. Entwickeln sich in der anderen Person (hier also bei dem Vorgesetzten) dadurch wirklich Gefühle der Ablehnung (z. B. dadurch, dass der Mitarbeiter ängstlich, reizbar oder aggressiv reagiert, weil er in seiner Übertragung meint, sein Vorgesetzter lehne ihn ab), so spricht man bei den Gefühlen des Vorgesetzten von »Gegenübertragung«. Das Phänomen der Übertragung und Gegenübertragung wird vor allem im therapeutischen Kontext (Psychoanalyse und damit verwandte Psychotherapieverfahren) genutzt. In einer therapeutischen Beziehung treten häufig und gewollt Übertragungen auf. Durch die sichere therapeutische Beziehung und die Professionalität der Therapeutin kann aber, anders oder leichter als im realen Leben, die Gefühlswelt erkannt und korrigiert werden. So kann in dem genannten Beispiel klar werden, dass ein Gefühl der Ablehnung nicht der aktuellen Situation entspringt, sondern einer erfahrenen Ablehnung aus früherer Zeit – von einem sehr wichtigen Menschen, dem Vater, von dem man über Jahre physisch und psychisch abhängig war.

Nun will ich Ihnen ausführlich an einem konkreten Beispiel schildern, wie Sabine es geschafft hat, Verantwortung abzugeben.

»Sabine versteht nun, dass ein großer Teil ihrer Ruhelosigkeit, ihrer Angst und Getriebenheit, aus der Vergangenheit ihres Vaters stammt. Durch das Verstehen kann sie neu entscheiden: Will ich meine bisherigen Antreiber, Ängste und Lebensziele weiterverfolgen? Oder möchte ich es ändern? Worauf kommt es im Leben an? Was ist mir wirklich wichtig? Ist es das schicke Auto oder die Förderung meiner Kinder, damit sie mindestens so erfolgreich werden wie ich? Oder ist es, mich mit ihnen wohlzufühlen und die kleinen Dinge zu genießen wie ein gemeinsames Abendessen? Diese Fragen kann sie zunehmend besser beantworten, da sie es nun schafft, in sich hineinzuhören und ihre eigenen Wünsche zu spüren statt die unnachgiebige Härte und das »nie genug« des Vaters.

Es geht also im Heilungsprozess zunächst um Verstehen. Zum anderen übt sie, Situationen zu erkennen und besser zu beeinflussen, in denen sich etwas anbahnt, das für Sabine unangenehm ist (in denen sie nur auf andere und nicht auf sich Rücksicht nimmt). Ein Beispiel ist ein Wochenende mit einem befreundeten Paar am Gardasee. Diese langjährigen Bekannten sind, das wissen sie und ihr Mann, nicht ganz einfach. Die Frau ist berühmt-berüchtigt dafür, dass sie ständig ihre Meinung ändert, bei den kleinsten Widrigkeiten eine Planänderung will und immer etwas auszusetzen hat. Zudem ist sie keine gute Surferin und geht natürlich nur bei bestem Wetter und Windverhältnissen aufs Wasser. Ihr Mann kümmert sich nicht um sie und macht rücksichtslos, was er will. Bisher waren daher solche gemeinsamen Wochenenden immer so verlaufen, dass sie zu viert Pläne geschmiedet hatten, die Frau an irgendeinem der Punkte herummäkelte und Sabine dann versuchte, es irgendwie allen recht zu machen. Im Anschluss an solche Wochenenden, meist am Montag oder Dienstag, ärgerte sie sich fürchterlich, dass es für sie wieder keine Erholung gewesen war und sie keinen Spaß gehabt, sondern sich ständig nach den anderen gerichtet hatte. Das merkt sie leider immer erst mit Zeitverzögerung, wenn es also zu spät ist, um noch etwas zu ändern.

Sabine beginnt sich Folgendes zu fragen: Wie sieht ein erholsames, schönes Wochenende mit Freunden für mich aus?«

Das weiß sie zum Glück. Denn viele Menschen, die alte Lasten mit sich herumtragen, haben große Schwierigkeiten, sich überhaupt vorzustellen oder zu erinnern, unter welchen Umständen es ihnen gut geht.

»Sabine weiß, was ihr gefallen würde. Sie fände es wunderbar, wenn sie an einem der Tage für ein oder zwei Stunden allein, in ihrem Tempo und auf ihre Art, surfen könnte. Und das zu einem Zeitpunkt, der für sie, eine sehr gute Surferin, am besten wäre: Also nicht in einem sich zufällig ergebenden Time-Slot, sondern an einem Vormittag, an dem die Wellen besonders gut sind. Ohne auf die anderen zu warten oder auf das Wetter und auf die Befindlichkeit der Bekannten Rücksicht nehmen zu müssen.

Sie habe sich das immer wieder vorgenommen, wenn sich Gäste angekündigt hatten. Wenn es dann so weit sei, schaffe sie es aber nie, es auch zu tun. Ihr schlechtes Gewissen werde dann so groß, dass sie gar nicht mehr in Erwägung zieht, etwas für sich zu machen. Wenn ein anderer einen vergleichbaren Wunsch hätte, würde sie diesen paradoxerweise aber gar nicht als übermäßig oder unangemessen empfinden. Natürlich nicht! Die nächste Überlegung ist: Wann könnte ich diesen Wunsch äußern? Sie geht mögliche Zeitpunkte durch: bei der telefonischen Planung des Wochenendes mit den Freunden, beim Abendessen am Freitag vor Ort, beim Frühstück am Samstag oder Sonntag. Sabine überlegt, möglichst früh und in kleinen Portionen ihren Wunsch anzumelden. Um die Hürde für diese, für sie so schwere, Aufgabe möglichst niedrig zu gestalten.

Also spricht Sabine im Vorfeld zunächst mit ihrem Mann. Zehn Tage vor dem Wochenende versucht sie, ihm zu erklären, warum ihr das Anliegen so wichtig ist. »Es fällt mir immer wieder schwer, etwas für mich angenehm zu gestalten. Du weißt ja, wie ärgerlich und schlecht gelaunt ich manchmal nach solchen Wochenenden bin, obwohl wir ja eigentlich Spaß hatten. Es hat etwas damit zu tun, dass die Härte meines Vaters sich selbst und mir gegenüber sich auf mich übertragen hat. Ich versuche immer, es allen recht zu machen. Und habe dann oft den Eindruck, dass ich nichts von den Wochenenden habe. Kannst du das ein wenig nachvollziehen?« Zu ihrem großen Erstaunen versteht ihr Mann sofort. Er habe sich immer wieder gewundert, warum sie nicht ab und zu etwas für sich mache an den Wochenenden. Ihn würde das überhaupt nicht stören, im Gegenteil, er freue sich, wenn sie mehr davon habe und zufriedener sei. Das hilft Sabine, das bevorstehende Wochenende in einem zweiten Schritt ganz konkret anzusprechen. Dieses zweite Gespräch mit ihrem Mann macht sie nicht zwischen Tür und Angel, sondern wissend, dass es eine Herausforderung für sie ist, plant sie einen ruhigen Moment ein. Sie arrangiert am Sonntag ein Frühstück, bei dem ihr Mann und sie ungestört sind. Hier erläutert sie ihm ihren Wunsch: Am kommenden Wochenende würde sie gerne ein oder zwei Stunden ganz ohne den Besuch surfen gehen. Sie bittet ihren Mann um Unterstützung, die er ihr gerne verspricht, da auch er nun besser versteht, warum seine Frau nach solchen Wochenenden oft missmutig und schlecht gelaunt ist. Am selben Abend telefonieren sie mit den Bekannten. Wie schon so oft kommt die Bekannte wieder auf das Wetter zu sprechen und dass sie noch nicht sagen könne, wann sie anreisen und was sie würde machen wollen. Herr Engels stellt ganz freundlich klar, dass seine Frau und er am Freitagabend anreisen, egal wann die beiden anderen dazukämen. Prompt hört die Bekannte auf zu diskutieren. Für den Samstag übt Sabine, ihren Wunsch in der Runde zu formulieren. Und dabei, ganz wichtig, weil schon etliche Male geschehen, nicht bei der kleinsten Unmutsreaktion der Gesprächspartner einzuknicken.

Sie schafft es tatsächlich, beim Frühstück am Samstag ihren Wunsch zu formulieren. Sie hat diesen Wunsch in sich wichtig und groß werden lassen – so, als würde sie ihn jemand anderem erfüllen. Den inneren Stimmen, die fordern: »Nimm dich zurück, mache, was die anderen wollen«, kann sie widerstehen. Sie hat es so geschafft, ihren Wunsch zu formulieren. Und hat nach der Äußerung ihres Wunsches nicht sofort auf die anderen am Tisch reagiert, sondern erst mal in Ruhe durchgeatmet. Sie widersteht dem sich automatisch meldenden »schlechten Gewissen«: »Wie kann ich mir nur so viel herausnehmen!« Die Bekannte hat schon protestieren wollen, sich aber von ihrer Ruhe anstecken lassen und sogar gesagt, sie bleibe gerne allein zu Hause. Sie geht ganz für sich, zur schönsten Zeit und bei besten Bedingungen, surfen.

Nach dem Wochenende ist sie glücklich und zufrieden wie schon lange nicht mehr.«

Selbstüberforderung einschränken

Durch die Übernahme von zu viel Verantwortung überfordern wir uns. Und das manchmal schon ein Leben lang. Am Beginn einer Behandlung messe ich daher den Grad der Selbstüberforderung mit einem Fragebogen, dem Hamburger Burn-out-Inventar von Professor Matthias Burisch. Der Wert »Selbstüberforderung« ist bei nahezu all meinen Patienten deutlich gegenüber dem Durchschnitt der Bevölkerung erhöht. Selbstüberforderung beschreibt nicht die Anforderung von außen (also durch Vorgesetzte, Kollegen oder privates Umfeld), sondern ganz explizit die Anforderung, die man an sich selbst stellt.

Selbstüberforderung ist einer der Werte, der relativ schwer veränderbar ist. Auch nach abgeschlossener Therapie oder nach Ende eines Coachings bleibt er oft relativ hoch, manchmal sogar unverändert, anders als die anderen gemessenen Symptome, die fast durchgehend rückläufig, das heißt besser geworden, sind. Ich erkläre dieses Phänomen so: Wie die Temperaturanzeige eines alten Autos scheint es eine Art Messfühler für Anforderungen/Belastungen zu geben. Bei vielen Menschen ist dieser Messfühler verlässlich: Wenn die Belastungen stärker werden, zeigt er einen höheren Wert an und erinnert uns zuverlässig, dass wir etwas herunterfahren sollten. Bei manchen Menschen allerdings ist der Messfühler fehljustiert. Das heißt, dass sie Anforderungen als normal empfinden, die von außen betrachtet und für einen anderen Menschen schon als ›zu viel‹ erkannt würden. Wenn man bei einem alten Auto weiß, dass die Temperaturanzeige nicht mehr richtig funktioniert – also zum Beispiel immer 30 Grad zu wenig anzeigt –, wird man im Kopf immer 30 Grad hinzufügen. Damit man sichergehen kann, dass das Auto durchhält und man nicht mitten auf der Landstraße stehen bleibt. Bei manchen Patienten ist also in diesem Vergleich die innere Energie-Messnadel fehljustiert. Bei ihnen sagt der Messfühler: »Ich habe noch 30 % Energie!«, obwohl die Energie schon bei null ist. Manchmal gelingt es, den Messfühler während einer Therapie ganz oder teilweise zu reparieren (um im Bild zu bleiben: nicht mehr 30, sondern nur noch 10 Grad Fehlanzeige), manchmal ist es nicht möglich, die Fehljustierung zu verändern. Als hätte ein innerer Kompass dauerhaft und unveränderbar eine Messgröße verstellt. Meine Empfehlung ist dann, einen Trick anzuwenden und wie beim alten Auto mit der fehlerhaften Temperaturanzeige die Korrektur im Kopf zu machen. Also, wenn wir uns zu 80 % ausgelastet fühlen, im Kopf 30 % dazuzurechnen. Dann können wir auf der Lebensbahn nicht so leicht am Straßenrand liegen bleiben.

Jetzt könnten Sie sagen: »Autos haben doch seit Jahrzehnten ein Warnlicht für die Temperatur! Da brauche ich nicht mehr so genau auf die Anzeige zu schauen. Das rote Licht geht ja an, wenn es zu heiß wird.« Haben wir nicht alle eine »Warnleuchte«, wenn es zu viel wird? Leider nicht. Gerade Menschen, deren Messfühler verstellt ist, bemerken oft keine Warnzeichen. Sie wissen oft noch nicht einmal, was Warnsignale sein könnten. Sie spüren die Überlastung erst, wenn gar keine Energie mehr verfügbar ist und alle Reserven aufgebraucht sind. Wenn sie zusammenbrechen, körperlich und / oder psychisch.

Im Folgenden liste ich daher gängige Warnsignale auf, die Zeichen für Selbstüberforderung sein können. In den unteren Zeilen können Sie Ihre persönlichen Signale ergänzen. Die meisten Menschen haben individuelle Stress-Indikatoren, d. h., meist gelten für jeden Menschen ein bis zwei Warnsignale, als individuelle Marker. In den beiden rechten Spalten können Sie eintragen, wie oft Sie dieses Signal in den letzten Wochen bemerkt haben.

Warnsignale	Wie oft in der letzten Woche?	Wie oft in den letzten vier Wochen?
Nicht einschlafen können		
Nicht durch- schlafen können		
Verspannungen im Nacken		
Schmerzen zur Verspannung		
Kopfschmerzen		
Verdauungs- beschwerden		

Im ersten Kapitel habe ich den Teufelskreis von schlechtem Gewissen und Überforderung anhand eines Vergleichs mit der mittelalterlichen Selbstgeißelung beschrieben. Das schlechte Gewissen setzt eine Art Reflex zur Selbstkritik, zum Antreiben und damit zur Selbstüberforderung in Gang. »Reflex« bedeutet hierbei, dass dies fast automatisch abläuft, also man zunächst mal wenig dagegen tun kann. Aber diese Art Reflexe sind auch ein Lernprozess – in der Regel früh in der Kindheit oder Jugend erlernt. Und etwas, was man gelernt hat, kann man glücklicherweise auch wieder verlernen!

Und das funktioniert so: Immer, wenn das selbstkritische Kopfkino wieder loslegt, muss man versuchen, den Reflex sehr rasch zu stoppen. Die große Selbstdisziplin, die viele meiner Patienten haben, kann bei diesem kurzen Gedankenstopp helfen. Dann sollte man etwas tun, das völlig konträr zu der bisher üblichen Routine ist. Zum Beispiel, sich eine kurze Pause gönnen, eine Tasse Tee trinken, eine Entspannungsübung, eine Freundin anrufen, kurz gesagt, sich etwas gönnen – und sei es nur für ein paar Minuten. Dem Selbstgeißelungsreflex wird so ein beruhigendes, tröstendes Verhalten entgegengesetzt. Selbst wenn Sie nicht gleich beim ersten Mal dadurch entspannen können, sollten Sie unbedingt weitermachen und immer wieder in dieser Art die negativen Gedanken und Emotionen unterbrechen. Stück für Stück wird dadurch der Reflex abgemildert, dem vermeintlichen persönlichen Fehler folgt nicht mehr automatisch ein Selbstvorwurf, sondern mehr und mehr Verzeihen. Auf Dauer wird ein gegenläufiger Reflex gebahnt: Wenn es mir nicht gut geht, darf ich mich erst mal trösten. Danach beginne ich wieder aktiv zu werden, wenn ich mich etwas wohler fühle. Mit der Zeit stelle ich dann fest, wie wohltuend und ungleich effektiver es ist, aus Ruhe und Kraft und Selbstwert heraus zu agieren als aus einem ständigen Gefühl des Nicht-gut-genug-Seins.

Selbstüberforderung kann man auch einschränken, indem man früh und oft genug Dinge und Tätigkeiten an andere delegiert. In meinem Buch »Erfolgreich ohne auszubrennen« habe ich diesem Thema ein Kapitel gewidmet. Im Wesentlichen geht es dabei darum, die Hemmschwelle zu überwinden, sich helfen zu lassen. Für Menschen, die viel Verantwortung tragen, ist diese oft übermannshoch. Ganz praktisch kann man zum Beispiel über die Erstellung einer Liste von Dingen, die man sich abnehmen lassen könnte, die Überforderung begrenzen.

5.3 Teilen macht glücklich

Der entscheidende Punkt, der für ein Abgeben und Teilen von Verantwortung spricht: Alle Beteiligten können dabei gewinnen. Durch Teilen von Verantwortung entsteht Freude. Und Freude motiviert ungemein – viel stärker und nachhaltiger, als es zum Beispiel Angst vor Bestrafung macht. In der Psychologie spricht man von einem positiven Verstärker. Positive Verstärker sind »Belohnungen«, die wir für ein Verhalten bekommen, beispielsweise ein Dank von einem Vorgesetzten für einen abgeschlossenen Arbeitsschritt, ein Lächeln, das man dem Paketboten schenkt. Sie wirken nachweislich besser und anhaltender als die sogenannten negativen Verstärker. Dies sind Sanktionen, also zum Beispiel eine Strafarbeit wegen Störens im Unterricht. Wenn wir uns also darauf freuen können, Verantwortung abzugeben und zu teilen, dann wird es uns leichter fallen, dies auch umzusetzen.

Warum sollte es aber eigentlich Freude machen, Verantwortung zu teilen? Ein Beispiel aus der Musik:

»Kyrill Petrenko, gefeierter und mehrfach ausgezeichneter ehemaliger Dirigent des Bayerischen Staatsorchesters und auf den Bühnen der Welt zu Hause, ist ein (körperlich sehr kleiner und eher unscheinbarer) Mann, der seit Jahren keine Interviews gibt. Er muss ein über alle Maßen faszinierender Mensch sein. Für seine Musiker ist er eine Sensation, Quell von Freude und Ziel von Ehrgeiz, so gut wie nur irgend möglich zu spielen. Das sagen Musiker aus seinem Orchester, das zeigt sich aber auch in verschiedenen hochrangigen Preisen wie dem viermaligen Titel »Dirigent des Jahres«. Das »Lustige« am Dirigenten ist nun, dass er eigentlich nichts wirklich Produktives macht. Er stellt ja nicht mal einen Ton her. Alles, was er tut, ist Luft zerschneiden. Was macht er also? Ist er der Ober-Boss, der Verantwortliche? Top-Dirigenten stehen immer vor Top-Musikern. Alle sind Profis, die ihr Instrument perfekt beherrschen und natürlich genau wissen, wie sie wann einsetzen sollen. Wozu brauchen sie jemanden, der vor ihnen gestikuliert? Vor ein paar Jahrhunderten gab es dieses Berufsbild noch gar nicht. In früheren Orchestern war der Konzertmeister (in der ersten Geige) der Taktgeber. Er gab Einsätze und Betonungen vor. Mit der Zeit fand man heraus, dass etwas anderes und Besseres entstehen kann, wenn der Taktgeber nicht auch noch ein Instrument spielt und sich komplett auf das Zusammenspiel konzentrieren kann. Er nimmt etwas in die Hand, gibt »durch die Luft« Emotionen und Kraft weiter, die die vielen Instrumente zu einem Ganzen verschmelzen lassen. Der Dirigent übernimmt Verantwortung. Und teilt sie gleichzeitig wieder aus. Es entstehen eine Gemeinschaft, ein Zusammenspiel, etwas Einzigartiges. Faszinierende, berauschende, hoch emotionale Musik.«

Nicht nur in der Musik entsteht durch geteilte Verantwortung mehr Freude oder mehr Lebensqualität. Das Gefühl, in einem sich gegenseitig unterstützenden Team zu arbeiten, kann so erfüllend sein, dass Arbeit richtig Spaß macht. Ein gelungenes Fest, das man mit einer kleinen Gruppe von Menschen organisiert hat, bleibt noch lange positiv in Erinnerung. In dem folgenden Beispiel erzähle ich, wie eine Patientin über das Teilen von Verantwortung glücklicher geworden ist – und mit ihr die ganze Familie:

»Thea Ippen hat das Gefühl, unter der Last zu ersticken. Den Handwerksbetrieb, den sie mit ihrem Mann führt, die pflegebedürftigen Schwiegereltern im Haus, die eigene Mutter vor Kurzem verwitwet und sehr anhänglich – es ist einfach zu viel, und sie merkt es bei jedem Schritt. Als sie nach und nach versucht, erst kleine (Arztbesuche der Mutter), dann größere Dinge (Organisation einer neuen Pflegekraft für die Schwiegereltern) nicht mehr allein zu machen, sondern sich Unterstützung zu holen oder auch mal zu sagen: »Das schaffe ich heute nicht«, beginnt sie wieder durchzuatmen. Die Treffen mit ihrer Mutter sind weniger belastet, weil die Mutter mehr Eigeninitiative übernimmt. Thea hat kein schlechtes Gewissen mehr, und das Zusammensein mit ihrer Mutter ist nun ein größerer Genuss. Auch ihre Mutter freut sich an der nun viel entspannteren Tochter. Selbst ihr Mann lässt sich mitreißen und spricht das erste Mal offen über die Belastung, die er selbst empfindet. Die gemeinsamen Unternehmungen werden so wertvoller und für alle genussvoller.«

Die Freude steigt also, wenn wir Verantwortung bewusst und sensibel teilen. Und die Freude steigt nicht nur, wenn die Verantwortung dann geteilt ist, sie steigt sogar schon vorher. Wenn wir – statt schon im Vorfeld unter der Last zu stöhnen, Kopfschmerzen zu bekommen oder womöglich in Angst zu versinken – uns auf etwas freuen können, dann haben wir schon im Vorfeld mehr Spaß daran. Wenn es gut läuft, dann können wir es kaum erwarten, malen uns die Zukunft positiv aus und schmieden Pläne. Denken Sie an Urlaubspläne: Es gibt Menschen, die können sich schon Wochen und Monate auf eine Reise freuen, und im Kopf entstehen die schönsten Bilder und Vorstellungen, wo es hingehen und wie es dort sein könnte. Wenn wir uns so auch auf geteilte Verantwortung freuen könnten, wie sehr würde uns das motivieren und den Alltag versüßen!

Eine wichtige Motivation, um Verantwortung abgeben zu lernen, ist auch die Aussicht, dass es Ihnen dadurch in Zukunft besser geht. Sich also vorzustellen, was man an Zeit, Freude, Möglichkeiten, Gesundheit, Freiheit gewinnt, wenn man Verantwortung einmal nicht übernimmt oder abgibt, beflügelt und stärkt die Motivation und das Durchhaltevermögen.

> **Übung: Vision – sich ein Bild machen**
>
> Machen Sie sich ein genaues Bild von Ihrem Ziel. Stellen Sie sich vor, wie Ihr Leben ohne eine bestehende, belastende Verantwortung aussehen wird. Schreiben Sie auf ein bis zwei Seiten, welche positiven Veränderungen es in den nächsten Monaten (in einem Jahr oder in zwei Jahren) in Ihrem Leben dadurch geben wird, dass Sie einen Teil dieser Verantwortung abgeben.

5.4 Vertrauen in sich und andere gewinnen

Verantwortung abzugeben ist besonders schwer, wenn man nicht vertrauen kann – in sich und andere. Nicht vertrauen können hat mit Ängsten zu tun, die uns festhalten lassen. Vertrauen dagegen löst Ängste. Weniger Angst bedeutet wiederum, dass ich mehr an mich und andere glauben kann. Dass ich weniger an Hürden und Misserfolge und mehr an einen guten Ausgang meines Handelns und des Handelns anderer denken kann.

Wenn ich Vertrauen in mich gewinne, werde ich, fast automatisch, mehr Verantwortung abgeben können. Diesen Zusammenhang erleben vor allem Kinder und Jugendliche. Für sie ist es eine große Belastung, wenn sie Eltern haben, die nicht in sich selbst vertrauen können, die zum Beispiel aufgrund von Krieg, Flucht oder Vertreibung tief verunsichert sind. Kinder und Jugendliche sind extrem sensibel: Eine nach außen hin demonstrative Stärke durchschauen sie instinktiv. Wenn eigentlich bei Mutter oder Vater tiefe Verunsicherung herrscht, glauben sie nicht wirklich an den Frieden. Oft ist diese Verunsicherung gekoppelt mit einem sehr restriktiven Verhalten der Eltern ihnen gegenüber. Auch Familien mit Migrationshintergrund kennen diese Verhaltensweisen: Aus Angst wird manchmal zum Beispiel die Tochter in ihrer Entfaltung eingeschränkt und abweichendes Verhalten sanktioniert.

Aber auch in weniger dramatischen Fällen kann sich ein Mangel an Vertrauen in sich selbst auf Kinder übertragen:

»Luisa Langers Mutter ist ausgesprochen unglücklich in ihrer Ehe. Schon seit vielen Jahren. Luisa kann sich gar nicht mehr daran erinnern, dass das jemals anders gewesen ist. Ihr jüngerer Bruder ist schon früh von zu Hause ausgezogen, um dem ständigen Jammern zu entkommen, er hat geheiratet und ist glücklich, nur können er und seine Frau keine Kinder bekommen. Immer wenn Luisa und ihre Mutter sich treffen, klagt diese lang und breit über den Vater, ihre Ehe und das Leid der Welt. Gleichzeitig macht sie ihrer Tochter Tausende von Vorwürfen und Vorschlägen: Da sie das letzte Kind ist, das ihr noch Enkel geben könnte, reitet sie ständig auf dem Thema herum, dass sie nun endlich eine dauerhafte Beziehung haben müsse, um Kinder bekommen zu können. Die Mutter geht sogar so weit, dass sie der Tochter vorschlägt, für die Kryokonservierung ihrer Eizellen aufzukommen – sie müsse es nur so schnell wie möglich machen. Was für eine Verletzung der Intimsphäre ihrer Tochter! Luisa fühlt sich extrem bedrängt und weiß kaum, sich zu wehren. Im Laufe der Zeit erarbeitet sie sich Strategien, mit denen sie der Mutter sagen kann, dass sie mit ihrem Leben, so wie es ist, zufrieden sei. Sie wolle gar keine Kinder, wünsche sich nur eine erfüllende Partnerschaft. Luisa hilft die Vorstellung, dass sie sich von ihrer Mutter eigentlich gewünscht hätte, dass sie ihr von Erlebnissen in einer glücklichen Beziehung etwas hätte mitgeben können. Das hätte ihr wirklich geholfen! Gegen das Jammern und egoistische Fordern der Mutter nach einem Enkelkind kann sie sich nun besser wehren.«

Sich und anderen vergeben schafft Vertrauen

Wenig Vertrauen in sich selbst schränkt auch den Blickwinkel ein. Diesen wieder zu erweitern und nicht nur auf die eigenen Schwächen zu schauen, kann das Selbstvertrauen stärken. Einige meiner Patienten und Coachees haben vermeintlich Fehler begangen, die sie furchtbar belasten. Manchmal auf der bewussten Ebene, wie im nächsten Beispiel, öfter noch auf einer unbewussten Ebene. Das zeigt sich zum Beispiel dadurch, dass sie ein konstantes schlechtes Gewissen mit sich herumtragen, oft aber nicht wirklich zuordnen können, woher es kommt.

Erst wenn sie sich viel Zeit nehmen oder von einem sehr vertrauten Menschen an die Hand genommen werden, wird klar, was da auf ihnen lastet. Um Vertrauen in uns zu gewinnen, müssen wir uns daher selbst (vermeintliche) Fehler vergeben. Wir können dann dem Leben und der Zukunft mehr zutrauen, wie an folgendem Beispiel ersichtlich wird.

»Christiane Sammert, Teamleiterin bei der Sparkasse, hat zeit ihres Lebens hart gearbeitet. Sie ist eine der besten Mitarbeiterinnen in ihrer Abteilung, hat bei Weitem die meiste Erfahrung und hat in den letzten Jahrzehnten alle erdenklichen Aktenberge auf ihrem Schreibtisch tadellos bearbeitet. Zudem hat sie in den letzten beiden Jahren ihren Vater gepflegt. Ihr mittlerweile erwachsener Sohn hat eine körperliche Behinderung, die auf eine Schädigung bei der Geburt zurückzuführen ist. Christiane hat sich auch um den Sohn über Jahre hinweg unermüdlich gekümmert. Bei jeder Kleinigkeit übernimmt Christiane Verantwortung: Wenn es wieder Ärger wegen des nicht ordentlich gemachten Abwaschs im Heim des Sohnes gibt, ist sie zur Stelle, um zu trösten und zu schlichten. Ständig will ihr Sohn zu ihr und ihrem Mann nach Hause kommen. Wenn der Sohn kommt, gibt es Streit und schon nach zwei Tagen so schlechte Stimmung, dass sie noch tagelang danach sowohl ihren Mann als auch den Sohn wieder beruhigen muss. Im Job ist sie wegen ihrer Erfahrung und ihres Ehrgeizes Ansprechpartner für alle schwierigen und langwierigen Probleme, natürlich parallel zu ihrem üblichen Arbeitspensum. Christiane hat den Eindruck, zwischen allen Stühlen zu stehen und es keinem recht machen zu können. Sie denkt, dass niemand so glücklich ist, wie sie es eigentlich erreichen möchte, und dass sie schuld daran ist. Ihr selbst gehen immer öfter die Nerven durch. Sie grantelt dann zu Hause und setzt sich stundenlang vor den Computer, was ihrem Mann überhaupt nicht gefällt. Auch sie selbst wird dadurch noch unzufriedener und richtiggehend sauer auf sich.

Vor zwei Monaten ist Christianes Vater nach langem, qualvollem Kampf gestorben. Sie hat ihn intensiv betreut. Und hat auch sonst immer alles geschafft. Und versteht nun gar nicht, warum sie sich seit ein paar Wochen so erschöpft fühlt. Die Pflege und der Abschied vom Vater seien ja durchgestanden, jetzt soll es doch weiter gehen, zum Beispiel mit dem Abbau der Liste von alten Fällen auf dem Schreibtisch! Die Müdigkeit und Schlappheit »zwinge« sie jetzt zu pausieren. So was sei ihr noch nie passiert!

Und es stellt sich heraus, dass die Erschöpfung noch viel größer ist, als sie zu Anfang denkt. Wie ein Stein, der über eine Klippe gerollt wird, geht es nun erst mal immer tiefer und tiefer. Nach einer zunächst zweiwöchigen Krankschreibung wegen einer Verletzung ist an Weiterarbeiten nicht zu denken. Christiane ist völlig ermattet, schon wenige Stunden Küchenarbeit erschöpfen sie so, dass sie sich stundenlang hinlegen muss.

Stück für Stück zeigt sich, warum sich Christiane so unglaublich viel aufgehalst hat. Die Behinderung ihres Sohnes sieht sie als ihren Fehler: Sie habe bei der Geburt gemeint zu spüren, dass etwas nicht in Ordnung sei, habe aber nicht mit aller Vehemenz Hebamme und Arzt eingefordert. Sie macht sich deswegen seit über 20 Jahren Vorwürfe und fühlt sich immer noch fast rund um die Uhr für ihren Sohn verantwortlich. Erst als sie ausführlich daran arbeitet, sich zu vergeben, löst sich die Spannung. Sie kann nun widerstehen, wenn sich der Sohn wegen Kleinigkeiten bei ihr meldet. Auch schafft sie es endlich, ihrem Sohn zu sagen, dass er nicht alle Ferien bei ihr und ihrem Mann verbringen kann, dass auch sie etwas Freiraum brauchen. Sie kann dem jungen Mann die Verantwortung für mehr Teile seines Lebens lassen. Ohne dabei von Schuldgefühlen und schlechtem Gewissen überrannt zu werden. Christiane hilft dabei, dass sie dem Sohn zutrauen darf, trotz seiner Behinderung erwachsen zu sein. Auch mit seinen etwas anderen Möglichkeiten. Die Rechnung geht wunderbar auf: Der Sohn zieht aus eigenen Stücken in ein neues Heim und lernt dort eine Frau kennen. Er übernimmt Verantwortung für sein Leben. Schließlich ist es so, dass er gar nicht mehr nach Hause kommen will und auch die Eltern seltener einlädt. Aber die Einladungen sind dann richtige Einladungen: er backt mithilfe seiner Freundin einen Kuchen, sogar der

Tisch ist festlich gedeckt. So wie ein erwachsener Sohn die Mutter einlädt. Christiane ist überglücklich.«

5.5 Einfach mal ausprobieren

Viele meiner Patienten sind sehr sorgfältig, Sie sind verantwortungsvoll und planen genau, denken für alle mit und haben alle möglichen Eventualitäten im Kopf. Einfach mal probieren, ohne vorher ganz genau zu überlegen und zu planen, ist für sie ungewohnt. Aber es ist wichtig, Experimente in diesem Kontext zu wagen. Denn wenn wir an »Verantwortung teilen« wie an einen Versuch herangehen, können wir uns von der Vorstellung frei machen, dass alles klappen muss, perfekt werden muss.

Denken Sie jetzt nicht an die Chemie-Experimente im Schulunterricht! Da gibt es für alle 30 Schüler eine genaue Versuchsanleitung, von der keiner auch nur einen Deut abweichen darf, sonst verliert der Lehrer den Überblick und der Saal fliegt in die Luft. Denken Sie eher an ein abstraktes Gemälde oder noch besser an Kinder, die im Sandkasten bauen. Sie müssen und sollen keinem Protokoll folgen, sondern wirklich ausprobieren. So gut wie alles ist erlaubt, um herauszufinden, auf welche Teile Ihrer Verantwortung Sie verzichten können und sollten.

Und denken Sie vor allem daran, dass Sie sich dabei von allen erdenklichen Seiten unterstützen lassen dürfen, auch und gerade wenn das auf den ersten Blick ganz wider das eigene Empfinden ist. Meinen Patienten stelle ich am Anfang einer Behandlung immer die Frage, welche Menschen ihnen im Laufe ihres Lebens geholfen haben, sie unterstützt haben. Die Frage ist für die meisten schwer zu beantworten – sind doch die Mehrzahl meiner Klienten Menschen, die immer versuchen, alles selbst zu wuppen. Insbesondere Menschen, die schon sehr früh im Leben wenig Fürsorge erfahren haben und für ihr Alter und ihre Lebenserfahrung viel zu viel Verantwortung tragen mussten, haben sehr früh gelernt, alles allein zu machen. Sie können nur wenig von der eigentlich selbstverständlichen Erfahrung zehren, dass für sie gesorgt worden ist, und haben im Laufe ihres Lebens ihre Fähigkeit, alles allein zu machen (und – umgekehrt – eher für andere zu sorgen), immer weiter perfektioniert.

Wenn Sie auch zu diesen Menschen gehören und versuchen wollen, Verantwortung abzugeben, dann werden Sie in Neuland vorstoßen. Dafür brauchen Sie die Vorstellung, experimentieren zu dürfen.

Gegen den Strich

Ein Trick, der uns hilft, ein Experiment zu wagen, ist, etwas mal genau anders zu machen, als wir es normalerweise tun würden. Wir bürsten unser Fell also mal ganz bewusst gegen den Strich. Gerade beim Thema Verantwortung ist es sinnvoll, auch mal etwas gegen das eigene Empfinden zu tun. So wie wir z. B. eine Prüfung ja oft auch ein wenig gegen unser Wohlbefinden ablegen. So wie wir als Kind, obwohl wir einen Heidenrespekt haben, irgendwann das erste Mal in eine Achterbahn steigen und dann merken, was für ein Spaß das ist. Erst der Versuch lässt uns hinzulernen und zeigt uns, dass wir etwas dazugewinnen können.

Dieses Prinzip gilt nicht nur für schneller, höher und weiter. Denn das können meine Patienten in der Regel schon ein Leben lang: Immer mehr, immer Größeres von sich zu verlangen, immer stärker zu sein als andere. Die Herausforderungen als ihr täglich Brot anzusehen, oft sogar darunter zu leiden, wenn es mal keine neue, anstrengende Herausforderung zu meistern gibt. Das Prinzip gilt, gerade für die, die sich ihr Leben lang gefordert und zum Teil überfordert haben, in die andere Richtung. Sehen Sie es als eine echte Herausforderung, mal etwas *wegzulassen*.

»Nora Binder, Teamleiterin in der öffentlichen Verwaltung, übt es, Sachen einfach mal liegen zu lassen. Zunächst, als sie noch im Krankenstand ist, im Haushalt: Einfach mal ein paar Teller nicht gleich in die Maschine zu räumen, den Tisch nicht sofort abzudecken. Sie nutzt ihre lebenslang antrainierte Disziplin, mit der sie üblicherweise Dinge erledigt, nun um systematisch Dinge wegzulassen, liegen zu lassen. Anschließend versucht sie es im Job, wo es ihr schon schwerer fällt: Seit Jahren ist sie gewohnt, immer alles minutiös und termingerecht zu erledigen. Hundertprozentig reicht nicht, eher 120-prozentig. Gleichzeitig bewundert sie einen Kollegen, der schon etwas älter ist, und der sich »absolut durch nichts stressen« lässt. Ganz so will sie nicht werden, aber für sich und in ihrem Rahmen bürstet sie mal gegen ihren gewohnten Strich. Probiert aus, wie es sich anfühlt, es mal anders zu machen. Sie reagiert nicht mehr auf jede Mail und setzt sich das Ziel, dreimal pro Woche vor 18 Uhr zu Hause zu sein.«

Wenn es Ihnen sehr schwerfällt, ein Experiment zu wagen und etwas anders als im bisherigen Muster zu machen, kann folgende Gedankenübung helfen. Sie treibt das Experiment, mal etwas nicht zu tun, gedanklich bis zur Spitze und kann Ihnen helfen abzuwägen, ob das wirklich die befürchtete Katastrophe sein würde.

Übung: Worst-case-Szenario

Nehmen Sie sich bitte eine Situation, in der Sie ›mal wieder‹ alle Verantwortung an sich ›reißen‹: wie zum Beispiel während eines Elternabends, bei dem sich, wie jedes Jahr, niemand für den Elternbeirat aufstellen lassen möchte und ihre Hand schon nach oben zuckt, weil sie die arme Lehrerin nicht länger warten lassen wollen. Stellen Sie sich nun vor, was passieren würde, wenn sie dieses Mal nicht in den Ring treten. Stellen Sie sich bitte vor, was im allerschlimmsten Fall passieren könnte. Im beschriebenen Beispiel könnte der Elternabend unendlich lange dauern, Sie würden noch Stunden zusammensitzen, der Morgen dämmert, und immer noch sitzen alle und warten. Oder es würde sich das allerunsympathischste Elternpaar melden, und das ganze Jahr über gäbe es Ärger mit diesen Eltern, sie würden die Lehrerin zermürben, sodass diese sich schließlich monatelang krankmelden und in der Schule Unterricht ausfallen würde. Irgendwann wären auch die anderen Lehrer, die als Vertretung einspringen, ausgelaugt und würden ebenfalls krank und die Schule müsste geschlossen werden.

Sie merken: Szenarien, die man sich maximal schwierig, katastrophal und übertrieben denkt, verwandeln sich irgendwann ins Absurde. So sollten Sie auch bei Ihrem persönlichen Beispiel vorgehen. Übertreiben Sie maßlos. Ein Patient stellte sich vor, wenn er eine einzige Akte einmal ungesehen auf den Ablagestapel legen würde, würde er (langjähriger Beamter) fristlos entlassen werden, mit Schimpf und Schande für die ganze Abteilung. Wenn Sie maßlos übertreiben, merken Sie, dass das Worst-case-Szenario doch sehr unwahrscheinlich ist und vermutlich nie eintreffen wird. Oft hat es auch etwas Komisches, über das Sie vielleicht ein wenig schmunzeln oder lachen können. Und über die eigenen Gedanken lachen zu können, ist ein wunderbares Mittel, um zu entspannen und fürs Ausprobieren vorbereitet zu sein.

5.6 Verantwortung in Organisationen teilen

In den letzten Jahren hat sich auch in Unternehmen hinsichtlich ›Verantwortung teilen‹ einiges getan. Ein Teil der Veränderung resultiert daraus, dass immer weniger junge Menschen interessiert daran sind, in Unternehmen ›alles zu geben‹ und viel Verantwortung zu übernehmen. Noch Anfang der 2000er-Jahre konnte eine Firma mit höheren Gehältern, Incentives (wie Dienstwagen und der Aussicht auf ein Erklimmen der Karriereleiter) junge Mitarbeiter an sich binden und motivieren. Der Anteil der Kollegen, die sich durch diese Benefits motivieren lässt, ist in den letzten Jahren stark gesunken. Zugenommen hat dagegen der Anteil der Mitarbeiter, die eher nach Work-Life-Balance, persönlicher Erfüllung und flexiblen Arbeitszeiten, streben. Unternehmen müssen sich andere Dinge einfallen lassen, um ihre Arbeitskräfte (vor allem in Zeiten des zunehmenden Fachkräftemangels) an sich zu binden.

Vor allem das Konzept der »Agilität« ist in aller Munde, eine Management-Methode, die weniger hierarchisch als kooperativ angelegt ist. Es wird davon ausgegangen, dass Entscheidungen, die ausschließlich hierarchisch getroffen werden, schlechter sind als Entscheidungen, die das (jeweils für den zu entscheidenden Teilschritt verantwortliche) Individuum oder Team trifft. Dass also Verantwortung und damit auch Entscheidungen am besten in der Hand derer liegen, die ›die Arbeit machen‹. In »Reinventing Organisations« von Fréderic Laloux ist das Prinzip anhand von verschiedenen Unternehmen beschrieben, die damit seit einigen Jahren arbeiten. Zum Beispiel gibt es in den Niederlanden ein, mittlerweile flächendeckendes, Pflegeunternehmen, in dem völlig andere Regeln herrschen, als man bislang gewohnt war. Üblicherweise sind Pflegedienste sehr hierarchisch aufgebaut: Ein Chefpfleger verteilt die Aufgaben, macht die Dienstpläne. Es wird nach Pflege-Einzelleistungen abgerechnet, und jeder Pfleger ist dazu angehalten, möglichst schnell seine Leistungen zu erbringen, damit die Zeit effektiv genutzt, gut abrechenbar und rentabel ist. Andere Bedürfnisse, wie persönlicher Austausch mit den zu Pflegenden und das Beachten und Bearbeiten von vermeintlichen Nebenschauplätzen (wie soziale oder familiäre Themen), waren von der Abrechnung ausgeschlossen, rentierten sich nicht und fanden deshalb kaum statt. Die Pflegekräfte fühlten sich größtenteils ausgelaugt und unzufrieden, denn ihr eigentlicher Wunsch, Pflegebedürftigen das Leben zu erleichtern und zu verbessern, wurde nur äußerst selten verwirklicht. Viele spürten immer weniger Sinn in ihrer Tätigkeit, sie fühlten sich nur noch wie ein kleines Rad in einer Gelderzeugungsmaschine.

Jos de Blok, ein Niederländer, wollte sich das nicht länger mit ansehen. Alle litten! Die Pflegekräfte und die Pflegebedürftigen. So konnte es nicht weitergehen. Er überlegte sich, was die Arbeit für alle verbessern könnte, und ersann ein System, das enorm erfolgreich wurde: Ein Großteil der Pflege in den Niederlanden wird mittlerweile in dieser Form erbracht. Er organisierte in seiner 2006 gegründeten Firma Buurtzorg (zu deutsch: Nachbarschaftshilfe) kleine Einheiten von Pflegezentren, maximal 10–12 Mitarbeiter, die sich selbst organisieren. Die Pflege wird nicht mehr primär nach Dienstplan eingeteilt, sondern es gibt für jeden Pflegebedürftigen einen Bezugspfleger. Dieser ist nicht nur für die reinen Pflegeleistungen zuständig, sondern soll und darf explizit auch soziale, persönliche und familiäre Belange des Betreuten aufgreifen. Es stellte sich schnell heraus, dass durch die größere Sorgfalt, die Umsicht, den echten persönlichen Kontakt und das dadurch mögliche vorausschauende Agieren weniger Komplikationen und Notfälle auftraten. Auch der Verlauf von Komplikationen (wie Wundliegen) verlief deutlich milder. All das spart letztendlich Kosten! Wichtig war, dass jeder der Pfleger für seinen Bereich (also für seine Pflegebedürftigen) die volle Verantwortung hat, dass aber in den regelmäßig stattfindenden Team-Meetings auch problemlos Hilfe angefordert werden konnte. Im Vergleich zum hierarchischen Konzept hat nicht mehr der Pflegedienstleiter die komplette Verantwortung und die anderen Pfleger sind nur ausführende Organe, sondern die Verantwortung ist auf alle Pflegenden gleich verteilt. Und die Gepflegten fühlen sich wohler, weil sie sich auf ihren Bezugspfleger viel umfänglicher verlassen können. Für die Pflegekräfte ist die Arbeit nun sinnerfüllter, es kommt mehr als vorher zu echten Beziehungen zwischen Pflegendem und Hilfsbedürftigen. So wie es sich viele zu Beginn ihrer Ausbildung vorgestellt hatten. Das Unternehmen wurde seit 2011 vier Mal zum beliebtesten Unternehmen der Niederlande gewählt.

Diese Form der Selbstorganisation und der verteilten Verantwortung ist wesentlicher Bestandteil des agilen Konzepts. Einschränkungen bei der Anwendung der agilen Methode gibt es natürlich auch. Gerade Menschen, die dazu neigen, zu viel Verantwortung zu tragen, neigen nämlich dazu, in dieser Konstellation, wenn also kein Vorgesetzter »Stopp« sagt, sich noch mehr aufzubürden. Kritiker des agilen Managements sagen deshalb, es könne gar nicht funktionieren. Befürworter, die lange damit gearbeitet haben, erwidern, man müsse Mitarbeiter, vor allem die, die bisher in hierarchischen Systemen gearbeitet haben, mit Fingerspitzengefühl an die Methode heranführen. Dann funktioniere es fast immer. Der bisherige Vorgesetzte könne zum Beispiel helfen, dass Mitarbeiter mehr auf sich achten; die Kolleginnen und Kollegen dazu anhalten, in sich hineinzuspüren. In der psychosomatischen Klinik Heiligenfeld in Bad Kissingen wird das seit Langem praktiziert. Für Mitarbeiter gibt es regelmäßig für gute Leistungen »Gesundheits-Schecks«, die in Massagen, Wellness-Behandlungen oder Achtsamkeitstrainings eingelöst werden können. Einmal pro Woche trifft sich die gesamte Belegschaft, vom Geschäftsführer und Chefarzt bis zur Teilzeit-Reinigungskraft, um sich über alle Themen auszutauschen, nicht nur die fachlichen. Vorgesetzte sind darin geschult, Überlastung bei Mitarbeitern zu erkennen.

Überlastung im Job kann auch ein strukturelles Problem in Ihrem Unternehmen sein. Wenn Sie mehr darüber erfahren wollen, wie Sie Stress im Job erkennen und abbauen können, dann finden Sie in meinem Buch »Top im Job – ohne Burn-out durchs Arbeitsleben« viele praktische Tipps.

5.7 Verantwortung, die man nicht (mehr) übernehmen sollte

In den bisherigen Kapiteln ging es um das Abgeben von Verantwortung, die man in der Vergangenheit (zu viel) übernommen hat, um die Ursachen dafür und die Möglichkeiten, sich von Überlastung zu befreien. In diesem Kapitel möchte ich mich mit der Zukunft beschäftigen und mit der Frage, wie Sie von jetzt an weniger auf sich nehmen und wie Sie eine Verantwortung erkennen können, die zu einer Fehl- oder Überlastung führen kann.

Wenn wir spüren, dass etwas nicht stimmt

Wenn wir mit uns im Großen und Ganzen zufrieden und im Reinen sind, können wir meist ganz gut spüren, wenn wir Verantwortung übertragen bekommen sollen, die nicht für uns gedacht ist (und deren Übernahme Probleme nicht löst, sondern eher verlagert oder sogar neue schafft). Wir können dies merken, indem wir unsere persönlichen Unwohlsein-Symptome wahrnehmen (siehe auch Warnsignale Seite 110).

Ein plötzliches Zuviel an Verantwortung können wir im wahrsten Sinne des Wortes spüren. Schmerzen, vor allem im Rücken, Nacken und Kopf, zeigen uns beispielsweise ein Zuviel an Verantwortung an. Wir spüren nicht nur im übertragenen Sinne Last auf unseren Schultern, die wir nicht mehr (er)tragen können. Auf diese Signale sollten wir sorgfältig achten.

Verantwortung im Beruf

Auch im beruflichen Kontext gibt es Verantwortung, die man nicht oder nur sehr eingeschränkt übernehmen sollte und kann. Ein Extrembeispiel aus der Medizin ist die Suizidalität, als Risiko, bei bestimmten, meist psychischen Krankheiten. Psychiater werden während ihrer Weiterbildung in diesem Thema intensiv geschult, die tagtägliche Einschätzung des Suizidrisikos gehört zu den zentralen Elementen ihrer Arbeit, vor allem in der Klinik. Trotzdem kann es passieren, dass ein Patient sich während des stationären Aufenthalts, in dem alles Erdenkliche dafür getan wird, die Krankheit zu bessern und Suizidalität zu erkennen, das Leben nimmt. Alle passen auf, die Ärzte, Pfleger, Therapeuten. Und trotzdem kann es passieren, dass sie etwas nicht merken, die Situation alle zusammen falsch einschätzen. Indem sie zum Beispiel einen Patienten am Wochenende nach Hause lassen, damit er nicht zu lange von seiner Familie weg ist, und er dann nicht mehr zurückkommt.

Was ich damit exemplarisch ausdrücken will ist, dass wir, auch wenn wir uns noch so viel Mühe geben, zusammenarbeiten, uns austauschen und all unsere Erfahrung und Fachkenntnis zusammenbringen, nicht vor Fehlern gefeit sind. Ein Ingenieur kann ein Maschinenteil falsch einbauen oder fehlprogrammieren, und ein Unfall kann daraus resultieren. Eine Sozialarbeiterin kann einen Klienten falsch einschätzen, eine Richterin kann ein Fehlurteil treffen. Ein Beamter kann eine Passage überlesen, was als Konsequenz einem Bürger Nachteile verschafft. Wir dürfen und sollten uns natürlich kritisch fragen, ob wir etwas besser hätten machen können, aber es gibt immer einen Bereich, den wir nicht erfassen können. Situationen, in denen wir, ohne dass wir es erklären können, einen Fehler machen. Und hier ist es wichtig zu erkennen, dass wir uns diese Situationen vergeben können und müssen.

Damit es weitergehen kann, damit wir auch in Zukunft helfen, konstruieren oder Recht sprechen können.

6. Grenzen beim Teilen von Verantwortung

»Wir sind nicht nur verantwortlich für das, was wir tun, sondern auch für das, was wir nicht tun.«

Molière (1622–1673), französischer Dramatiker

Es gibt Situationen, in denen wir Verantwortung übernehmen müssen und nicht beliebig wieder abgeben oder teilen dürfen: wenn akut Hilfe von uns gefragt ist, weil ein Mensch zu Schaden kommen könnte; wenn schnell eine Entscheidung gefällt werden muss und wir in dem Moment der/die mit der größten Erfahrung sind oder für andere eine Entscheidung viel schwerer wäre als für uns. Auch für alte Menschen, Invalide, Kinder oder Behinderte, die nicht oder nur sehr eingeschränkt für sich sorgen können, müssen wir immer wieder Verantwortung übernehmen.

Gleichzeitig können wir auch für diese Menschen nur Verantwortung übernehmen, wenn wir gut für uns sorgen. Zum Beispiel sollte eine Mutter/ein Vater von kleinen Kindern, die noch rund um die Uhr unsere Unterstützung brauchen, immer wieder mal ausgeschlafen sein, sonst kann er/sie nicht mehr ein guter Vater/eine gute Mutter sein. Nur wenn wir uns selbst gut versorgen, haben wir die physische und psychische Kraft, um andere versorgen zu können. Im Tierreich ist das meist klar und selektiv geregelt: Säugetiermütter säugen ihre Jungtiere nicht, wenn sie selbst daran zu sterben drohen. Wir Menschen sind natürlich nicht so auf uns gestellt wie zum Beispiel eine Fuchsmutter und nicht so abhängig von Naturgewalten wie wildlebende Tiere (nicht zuletzt da der Mensch gelernt hat, Aufgaben und Verantwortung für verschiedene Bereiche zu teilen!). Aber auch menschlichen Eltern tut es gut, sich immer wieder zu überlegen, woher die eigene Kraft kommt, wie sie gestärkt und erhalten werden kann.

Auch anderen Lebewesen gegenüber müssen wir Verantwortung

übernehmen. Beim Thema Umweltschutz ist es sogar wichtig für unser Überleben. Die Umwelt ist uns schutzlos ausgeliefert. Verantwortung teilen können wir mit anderen Menschen, mit denen wir uns austauschen und mit denen wir dann gemeinsam Verantwortung tragen. Die Verantwortung an unserer Umwelt ›auszuleben‹ oder abzugeben ist dagegen vergleichbar damit, sie auf unmündige Kinder abzuwälzen. Hier machen wir uns wirklich schuldig und sollten gemeinsam alles Menschenmögliche tun, um unsere Lebensgrundlage, die Erde, für uns und nachfolgende Generationen zu erhalten. Anfang Mai hat Deutschland die gesamten natürlichen Ressourcen für das komplette Jahr verbraucht. Machen wir uns also schuldig, sündigen wir, wenn wir einfach nur leben? Für ein Ressourcen-neutrales Leben müssten wir nämlich an vielen Stellen umdenken und vor allem anders handeln. Die Umwelt ist dem Menschen schutzlos ausgeliefert.

Wenn andere nicht für sich selbst sorgen können, wie kleine Kinder, schwer kranke, pflegebedürftige oder demente Menschen, müssen wir Verantwortung übernehmen. Aber auch hier gibt es Momente, in denen teilen möglich wird, obwohl es auf den ersten Blick so aussieht, als wäre das völlig undenkbar. Ein Patient, der seinen pflegebedürftigen, dementen Vater bei sich zu Hause aufgenommen hatte, konnte zu ihm eines Tages sagen, wie schwer dieser eine Tag für ihn gewesen war (er hatte zwei ambulante Pflegekräfte neu organisiert, nebenbei eine wichtige Sitzung vorbereitet und abends noch geleitet und hatte ›natürlich‹ noch jede Menge im Haushalt gemacht). Er schaffte es, dies seinem Vater ohne Klagen, aber nicht ohne Emotion zu sagen – dem Patienten flossen schließlich sogar ein paar Tränen, weil er völlig erschöpft war. In dem Moment passierte etwas, was schon seit Monaten nicht mehr passiert war: Der demente Vater legte den Arm auf die Schulter des Patienten. Er sprach sanft und beruhigend auf seinen Sohn ein und tröstete ihn. Der Vater wurde, trotz seiner Demenz, wieder zum väterlichen Vater. Beide erlebten diesen Moment als tröstlich. Der Vater hatte im Rahmen seiner sehr beschränkten Möglichkeiten, nur durch ein paar Gesten und Worte, dem Sohn ein Stück der Last abgenommen.

Dank

Ich will beim Danken diesmal chronologisch vorgehen. Also eins nach dem anderen:

Mein erster Dank gilt meinem Patienten Herrn E. Ihm gab ich eines Tages die – ganz offensichtlich viel zu schwere – Aufgabe, bis zum nächsten Termin Sätze zum Thema »Verantwortung abgeben« zu formulieren. Er bemühte sich nach Kräften, nahm sich wieder und wieder Zeit, ihm fiel aber einfach nichts ein. In seiner Verzweiflung startete er schließlich eine Internet-Suche, auch die ohne Erfolg ... Beim nächsten Termin meinte er: »Ich glaube, darüber müssen Sie ein Buch schreiben ...« Lieber Herr E.! Ich habe mich wirklich darangemacht! Und Sie haben die Aufgabe perfekt gelöst – Sie haben einen Teil der Verantwortung für dieses Thema an mich abgegeben.

Dann entdeckte ich, dass das Thema Verantwortung tragen bei sehr vielen Menschen, die ich berate und beraten habe, eine viel größere Rolle spielt, als ich bis dahin vermutet hatte. Ich merkte, dass dies ein Punkt ist, der Gesundheit und Wohlbefinden stark beeinträchtigen kann. Und dass es sinnvoll ist, meine Erfahrung damit zu teilen. Dafür bedanke ich mich bei vielen Patienten und Coachees.

Mein nächster Dank gilt meiner (nun schon langjährigen) Lektorin Christine Treml, mit der ich ein paar Wochen später in Jogginghosen meine Idee besprach und die mich ermunterte, da ruhig mal »ein paar Sätze« zu schreiben. Auch diesmal sind wieder ein ganzer Haufen Sätze daraus geworden, und dank ihrer Unterstützung sind sie noch besser zu lesen. Auch wir haben uns die Verantwortung für dieses Buch gut geteilt.

Dann mussten mein Mann und meine Kinder dran glauben. Ich danke euch für eure Geduld mit der schreibenden Ehefrau und Mutter! Wenn die Seitenzahl wuchs, sank in der Regel die Anzahl der gekochten Mittagessen. Auch im Kühlschrank war mitunter wenig zu finden, oder die Mutter war gleich für ein paar Tage komplett verschwunden –

so hat auch meine Familie eine Menge Verantwortung übernommen und da ausgeholfen, wo ich mit Schreiben beschäftigt war.

Ich bin dankbar für die vielen Momente, in denen ich erleben darf, wie schön es sein kann, sich in gemeinsamer Verantwortung zu unterstützen und dadurch mehr Wert für alle schaffen zu dürfen.

Literatur, Tipps und Links

Brooks, Robert, Goldstein, Sam: *Das Resilienz-Buch*, Klett-Cotta, 2015

Burisch, Matthias: Hamburg Burnout Inventory (Online-Test unter https://www.burnout-institut.eu)

Laloux, Frédéric: *Reinventing Organizations*, Vahlen, 2015 (auch erhältlich als kürzere, bebilderte Version ›Reinventing Organizations visuell: Ein illustrierter Leitfaden sinnstiftender Formen der Zusammenarbeit‹): Eine Einführung in agile Arbeitsformen mit vielen, internationalen und erfolgreichen Beispielen aus der Praxis. Insbesondere die illustrierte Version ist sehr eingängig und gut zu lesen.

König, Oliver, Schattenhauer, Karl: *Einführung in die Gruppendynamik*, Carl Auer, 2018

Ruhwandl, Dagmar: *Erfolgreich ohne auszubrennen – Das Burnout-Buch für Frauen*, Klett-Cotta, 2012: Fachratgeber zur persönlichen Burnout-Prophylaxe für Frauen

Ruhwandl, Dagmar: *Top im Job – ohne Burnout durchs Arbeitsleben*, Klett-Cotta, 2010: Fachratgeber zum Schutz vor Burnout im Joballtag

Sehr gute Artikel zum Thema »Kinder von depressiven Eltern« und wie diese schon zu früh zu viel Verantwortung übernehmen müssen: http://www.deutschlandfunk.de/kinder-psychisch-kranker-eltern-zu-viel-verantwortung-und.1773.de.html?dram:article_id=394000

Hilfreich auch: https://www.deutsche-depressionshilfe.de

What managers really think of Gen Y employees: 46 % think they are easily distracted; 47 % think they have poor work ethics, 51 % as having out of line demands (from survey 1000 US manager source: Millenial Branding / American Express)